YONSEI KOREAN IN 3 WEEKS

3주완성 연세 한국어

3

연세대학교 한국어학당 편

연세대학교 출판문화원

3주완성 연세 한국어 3

편저자 연세대학교 한국어학당 교재편찬위원회
집필진 전나영 · 김지혜 · 오경은 · 김종인 · 정우희
펴낸곳 연세대학교 출판문화원

주소 서울시 서대문구 연세로 50 **등록** 1955년 10월 13일 제9-60호
전화 02) 2123-3380~2 **팩스** 02) 2123-8673
전자우편 ysup@yonsei.ac.kr **웹사이트** www.yonsei.ac.kr/press

내지디자인 PAGE M (한충명) **조판** PAGE M (조은희) **삽화** PAGE M (정미혜)
녹음 MS미디어 **성우** 김상백, 김태현 **인쇄** (주)동국문화

2013년 6월 28일 1판 1쇄 2025년 4월 14일 1판 9쇄
ISBN 978-89-6850-039-8(08710)
978-89-6850-036-7(세트)

값 30,000원

머리말

50년 이상을 한국어 교육에 매진해 온 연세대학교 한국어학당은 국내 최고의 역사와 명성에 걸맞게 그동안 다양한 한국어 교재 편찬과 관련 연구를 해 옴으로써 한국어 교육을 선도해 왔다.

특히 최근에는 주춤했던 한류가 아시아 지역을 벗어나 미주, 유럽에 이르기까지 전 세계로 확산되면서 한국과 한국 문화가 세계로 전파되고 이에 따라 한국어에 대한 관심과 수요도 늘어나고 있다. 예전에 해외 동포나 일부 외국인을 중심으로 이루어져 왔던 한국어 교육이 이제는 다양한 목적과 요구를 지닌 학습자들을 대상으로 확대 추세에 있으며 교재에 대한 수요도 이와 함께 다양해지고 있다.

연세대학교 한국어학당은 그동안 일반 목적의 한국어 학습자뿐만 아니라 직업 목적의 학습자, 학문 목적의 학습자, 해외 동포 자녀 등 다양한 대상의 목적과 수요에 맞춘 교재를 지속적으로 개발, 출간해 왔다. 이번에 출판하는 '3주완성 연세 한국어 3'은 60시간용 교재로 단기간에 한국어를 배우려는 학습자를 대상으로 만든 교재이다. 따라서 외국인들이 흥미를 가지고 있는 주제를 중심으로 필수적인 어휘와 문법, 문화와 사고방식을 소개함으로써 한국어와 한국에 대한 이해를 넓히고자 하였다. 특히 이 교재는 어휘력과 문법 이해력 및 말하기, 듣기, 쓰기, 읽기 영역을 균형 있게 향상시킬 수 있도록 다양한 과제를 포함시킴으로써 학습 효과를 높이고자 하였다.

언어 교육은 목표어를 통한 의사소통 능력의 향상과 함께 목표 언어의 사회와 문화를 이해시키는 데 그 목적이 있다. 이 교재는 짧은 기간에 한국어를 배우고 한국 문화를 알고자 하는 학습자들에게 많은 도움이 될 것으로 확신하며 한국어 교재 발전에도 큰 몫을 담당하리라고 본다.

'3주완성 연세 한국어 3'이 연세대학교 언어연구교육원 한국어학당에서 학습하는 학습자들뿐만 아니라 국내, 국외에서 단기간에 한국어와 한국문화를 배우고자 하는 모든 학습자들에게 크게 도움이 되기를 바라며 연세대학교 언어연구교육원 한국어학당 교재편찬 위원회는 앞으로도 학습자들의 요구와 기대에 부응하는 교재 개발을 위해 최선을 다할 것이다.

연세대학교 언어연구교육원
한국어학당 교재편찬위원회

일러두기

- '3주완성 연세 한국어 3'은 단기간에 한국어를 배우려는 외국인 및 교포 학습자를 위한 초급 단계의 책으로 초급 단계에서 꼭 알아야 할 주제를 중심으로 썼으며 이와 함께 필수적인 어휘와 문법, 문화와 사고방식을 소개함으로써 한국에 대한 이해를 넓히고자 하였다.
- '3주완성 연세 한국어 3'은 5명의 주요 인물들이 등장하며 이들 등장인물들의 일상생활을 중심으로 본문의 대화 내용을 15개 과로 구성하였다.
- 본 교재는 단원명, 학습 목표, 삽화와 도입 질문, 대화, 발음, 어휘, 문법, 과제로 구성되어 있다.
- 각 단원의 제목은 본문 대화 내용 중의 주요 문장으로 제시하였다.
- 각 단원의 목표는 해당 단원에서 학습해야 할 의사소통 기능과 과제를 중심으로 제시하여 학습자들의 학습 동기를 유발하고 단원에 대한 이해를 촉진시키는 데 도움이 되도록 했다.
- 본문 대화는 각 과의 주제와 관련된 가장 전형적이고 대표적인 대화 상황을 설정하고자 노력하였으며 6~9개의 문장, 3쌍의 대화로 구성하였다. 대화 앞에는 주제와 관련된 삽화와 질문을 넣어 학습자들이 대화 내용을 흥미있게 접할 수 있도록 유도하였다.
- 대화에서 주의해야 할 발음은 따로 제시하여 정확한 발음을 연습할 수 있도록 했다.
- 어휘는 각 단원의 주제별로 꼭 알아야 할 어휘를 선정하여 제시하였으며 관련 삽화를 함께 제시하여 의미를 이해하기 쉽게 하였다. '3주완성 연세 한국어 3'에서 제시한 단어는 266개이다.

- 문법은 각 단원의 대화에 나온 주요한 문법이나 문형의 예문을 제시한 후에 연습 문제를 덧붙여 공부한 내용을 학습자가 점검해 보도록 하였다.

- 과제는 학습 목표에서 제시한 의사소통 기능에 부합되는 것으로 각 단원마다 3개 씩 제시하였다. 과제는 말하기, 듣기, 읽기, 쓰기의 네 기능을 적절히 수행하도록 제시하였으며 초급 과정에서 요구되는 말하기와 듣기의 비중을 높게 구성하였다.

- 단원의 주제와 관련하여 한국어를 이해하는 데 도움이 되는 경우에 해당 부분에 문화관련 정보를 제시하였다.

- 부록으로 번역, 문법 활용연습, 듣기 지문, 모범 답안과 색인을 두어 학습자가 해당 단원의 내용을 확인할 수 있도록 하였고, 아울러 목표 문법을 자습할 수 있도록 하였다.

- 모범 답안은 어휘와 문법 연습의 모범 답안을 제시하였으며 필요한 경우 과제의 모범 답안도 예시했다.

- 어휘와 문법 색인에서는 각 단원에서 다루어진 본문의 새 어휘, 주제와 관련된 어휘와 주요 문법을 각각 가나다 순으로 정리하여 제시하였다.

내용구성

과	제목	과제	어휘	문법
1	한국에 오기 전에 한국어를 배웠어요?	과제1 한국말 수업에 대한 이야기 듣기 과제2 한국말을 배운 경험에 대한 이야기를 읽고 말하기 과제3 한국말 수업에 대해 말하고 쓰기	수업 관련 어휘	-기 전에 한테서
2	제가 영주 씨에게 연락할게요	과제1 휴대 전화 사용에 대한 대화를 듣고 말하기 과제2 여러 종류의 문자 메시지를 읽고 문자 메시지 보내기 과제3 자신의 휴대 전화에 대해 말하고 쓰기	휴대 전화 관련 어휘	-는데[1] -을게요
3	한국에서 공연을 본 적이 있어요?	과제1 공연 본 경험 듣기 과제2 공연 본 경험에 대한 이야기 읽고 말하기 과제3 공연 본 경험을 말하고 쓰기	관람 관련 어휘	-은 적이 있다 -는군요
4	내일 야구를 보려고 해요	과제1 약속하는 대화 듣고 말하기 과제2 약속에 늦은 이야기 읽기 과제3 전화로 약속하고 다른 친구에게 문자 메시지 보내기	약속 관련 어휘	-고 있다 -으려고 하다
5	퇴근 시간이어서 길이 막힐 것 같아요	과제1 교통 이야기 듣고 말하기 과제2 버스 이용에 대한 이야기 읽고 말하기 과제3 목적지 찾아가는 방법 말하고 쓰기	교통 관련 어휘	으로 -는 것 같다
6	5분밖에 안 걸려요	과제1 길 찾는 이야기 듣고 쓰기 과제2 약속 장소를 찾아가는 경험담을 읽기 과제3 길을 설명하고 쓰기	길 관련 어휘	-으면 밖에
7	오후에 뭘 할 거예요?	과제1 계획 이야기 듣고 말하기 과제2 계획 이야기를 읽고 쓰기 과제3 여행 계획 말하기	휴일 관련 어휘	-게 -을 거예요[1]

과	제목	과제	어휘	문법
8	비빔밥을 드셔 보세요	과제1 음식을 권하는 대화를 듣고 말하기 과제2 식당 음식에 대한 이야기를 읽고 음식 권하기 과제3 좋아하는 음식 쓰기	음식 재료 관련 어휘	르 동사 -어 보다[1]
9	떡볶이를 먹은 후에 팥빙수를 먹읍시다	과제1 길거리 음식에 대한 대화 듣기 과제2 길거리 음식에 대한 이야기를 읽고 말하기 과제3 자기 나라의 길거리 음식에 대해 말하고 쓰기	길거리 음식 관련 어휘	-겠- -은 후에
10	저는 심심할 때 친구들과 노래방에 자주 와요	과제1 찜질방에 간 경험담 듣기 과제2 한국에서 가 볼만한 장소를 소개하는 글을 읽고 쓰기 과제3 한국에서 가 본 적이 있는 장소에 대한 경험담을 말하고 쓰기	여가 생활 관련 어휘	-을 때 -으려고
11	내 취미는 사진 찍기야	과제1 취미에 대한 대화 듣기 과제2 취미 이야기 읽고 말하기 과제3 자신의 취미에 대해서 말하고 쓰기	취미 활동 관련 어휘	-어 이야
12	한국 차를 사고 싶은데요	과제1 쇼핑 장소 이야기 듣고 말하기 과제2 한국의 여러 쇼핑 장소에 대한 이야기 읽기 과제3 자기 나라의 유명한 쇼핑 장소에 대해서 말하고 쓰기	쇼핑 장소 관련 어휘	-는데요 이나
13	지금 세일하기 때문에 값이 싸요	과제1 물건 사는 이야기 듣고 말하기 과제2 쇼핑 이야기 읽고 쓰기 과제3 물건을 고르고 사기	쇼핑 관련 어휘	-을 거예요[2] -기 때문에
14	어제 티셔츠를 샀는데 좀 작아요	과제1 교환, 환불 이야기를 듣고 말하기 과제2 물건 교환에 대한 이야기 읽고 쓰기 과제3 물건 교환하기	물건 교환 관련 어휘	-는데[2] -어 보다[2]
15	한국은 눈이 오는데 대만은 눈이 안 와요	과제1 다른 나라의 계절이야기를 듣기 과제2 계절 활동과 관련된 광고 읽고 말하기 과제3 고향의 계절 특징을 말하고 쓰기	계절 활동 관련 어휘	-는데[3] -었으면 좋겠다

차례

주요 인물

유리	샤오밍	영주	마이클	슈테판
일본 사람 학생	중국 사람 회사원	한국 사람 학생	미국 사람 학생	독일 사람 회사원

MP3_1

제 1 과

한국에 오기 전에 한국어를 배웠어요?

- **학습 목표** 한국말을 배운 경험을 말할 수 있다.
- **어휘** 참, 그런데, 듣기, 말하기, 학원, 개월
  수업 관련 어휘
- **문법** -기 전에, 한테서
- **과제** 한국말 수업에 대한 이야기 듣기
  한국말을 배운 경험에 대한 이야기를 읽고 말하기
  한국말 수업에 대해 말하고 쓰기

1 여러분은 어디에서 한국말을 배웠습니까?

2 여러분은 한국말을 얼마나 배웠습니까?

MP3

유 리	수업이 참 재미있지요?
슈테판	네, 재미있어요. 그런데 듣기가 조금 어려워요.
유 리	그래요? 저는 말하기가 어려워요.
슈테판	유리 씨는 한국에 오기 전에 한국어를 배웠어요?
유 리	네, 학원에 3개월 동안 다녔어요. 슈테판 씨는요?
슈테판	저는 한국 친구한테서 배웠어요.

참
EN really
JP 本当に
CH 真

그런데
EN but
JP ところで
CH 不过

듣기
EN listening
JP リスニング/聞き取り
CH 听力

말하기
EN speaking
JP スピーキング/話すこと
CH 会话

학원
EN educational institute
JP 塾
CH 补习班

개월
EN month
JP か月
CH 个月

배웠어요 [배워써요]
학원에 [하궈네]

어휘

수업시간표

10:00 ~ 12:00

수업이 시작되다	수업이 끝나다
EN to have a class begin	EN to have a class end
JP 授業が始まる	JP 授業が終わる
CH 上课	CH 下课

복습하다
EN to review
JP 復習する
CH 复习

예습하다
EN to prepare for a lesson
JP 予習する
CH 预习

빈 칸에 알맞은 말을 쓰십시오.

10시에 **보기** 수업이 시작됩니다습니다/ㅂ니다. 오늘 저는 10시 10분에 교실에 들어갔습니다. 수업에 1) ____________ 어서/아서/여서 선생님과 친구들에게 미안했습니다. 12시에 2) ____________ 고 집에 갔습니다. 점심을 먹고 오늘 배운 문법을 3) ____________ 고 내일 배울 단어를 4) ____________ 었습니다/았습니다/였습니다. 내일은 학교에 늦지 않겠습니다.

문법

1 -기 전에

- 자기 전에 샤워를 합니다.
- 밥을 먹기 전에 손을 씻어요.
- 시험을 보기 전에 복습을 열심히 하세요.
- 여행을 가기 전에 여행 계획을 세웁니다.

슈테판 씨는 오늘 아침에 일어나서 무슨 일을 했습니까? 그림을 보고 알맞은 말을 골라서 보기 와 같이 문장을 만드십시오.

교실에 들어가다	교통카드를 준비하다	커피를 사다
버스를 타다	친구들과 이야기하다	하숙집 아주머니께 인사하다
수업이 시작되다	아침을 먹다	운동을 하다
집에서 나가다	교과서를 읽다	화장실에 가다

보기			1)		
2)			3)		
4)			5)		

보기 슈테판 씨는 아침을 먹기 전에 운동을 했습니다.

1) ______________________________

2) ______________________________

3) ______________________________

4) ______________________________

5) ______________________________

2 한테서

- 형한테서 편지가 왔어요.
- 친구한테서 책을 빌렸어요.
- 부모님한테서 한국말을 배웁니다.
- 이 선물을 누구한테서 받았어요?

유리 씨는 누구한테서 무슨 선물을 받았습니까? 그림을 보고 보기 와 같이 문장을 만드십시오.

보기 유리 씨는 아버지한테서 상품권을 받았습니다.

1) ______________________________

2) ______________________________

3) ______________________________

4) ______________________________

5) ______________________________

과제 1 듣기

듣고 질문에 대답하십시오.

MP3 01

1) 슈테판 씨는 무엇이 어려웠습니까?

____

2) 유리 씨 이야기입니다. 들은 내용과 같은 것을 고르십시오. (　　)

❶ 단어가 어려웠습니다.
❷ 오늘 수업이 쉬웠습니다.
❸ 대학교에서 한국말을 공부했습니다.
❹ 한국에 오기 전에 듣기 연습을 많이 했습니다.

MP3 02

1) 누가 이야기합니까? (　　)

❶ 학생　❷ 친구　❸ 선생님　❹ 어머니

2) 수업 시간에 할 수 없는 일을 모두 쓰십시오.

❶ 휴대 전화를 쓰지 마십시오.
❷ ______________________________
❸ ______________________________

3) 날마다 선생님 책상 위에 무엇을 놓습니까? (　　)

❶ 음식　❷ 커피　❸ 휴대전화　❹ 숙제 공책

여러분 EN all of you JP みなさん CH 大家
쓰다 EN to use JP 使う CH 用
이야기 EN story JP 話 CH 说话、故事
놓다 EN to put / to place JP 置く CH 放

과제 2 읽고 말하기

읽고 질문에 대답하십시오.

오늘 한국어 선생님과 반 친구들을 처음 만났습니다. 우리 반에는 여러 나라에서 온 학생들이 있었습니다. 슈테판 씨는 독일에서 왔습니다. 슈테판 씨는 한국 친구한테서 한국말을 배웠습니다. 유리 씨는 일본에 있는 학원에서 한국말을 공부했습니다. 유리 씨는 한국 드라마를 좋아합니다. 샤오밍 씨는 중국 대학교에서 한국말을 공부했습니다. 한식을 아주 좋아합니다. 제임스 씨는 미국에서 왔습니다. 제임스 씨는 어머니가 한국 사람이어서 말하기와 듣기를 잘 합니다.

여러 나라 친구들을 만나서 좋았습니다. 그리고 한국에서 한국말을 배울 수 있어서 정말 기쁩니다.

01

1) 무슨 이야기입니까? (　　)

❶ 수업　❷ 시험　❸ 한국생활　❹ 반 친구들

2) 제임스 씨는 왜 말하기와 듣기를 잘 합니까?

____

3) 내용과 같으면 O, 다르면 X 하십시오.

❶ 오늘 반 친구들을 처음 만났습니다. (　　)
❷ 샤오밍 씨는 한국 드라마를 좋아합니다. (　　)
❸ 우리 반 학생들은 여러 나라에서 왔습니다. (　　)

여러 EN several JP いろいろ CH 各个、各种

드라마 EN drama JP ドラマ CH 电视剧

02 보기 와 같이 친구들과 이야기 하십시오.

	보기	______	______
언제 한국말을 배웠습니까?	한국에 오기 전		
얼마나 한국말을 배웠습니까?	3개월		
어디에서 (누구한테서) 한국말을 배웠습니까?	학원		
왜 한국말을 공부합니까?	1) 한국 드라마를 좋아합니다. 2) 한국 친구를 사귀고 싶습니다.		

보기

가: 언제 한국말을 배웠습니까?
나: 한국에 오기 전에 한국말을 배웠습니다.
가: 얼마나 한국말을 배웠습니까?
나: 3개월 배웠습니다.
가: 어디에서 한국말을 배웠습니까?
나: 학원에서 배웠습니다.
가: 왜 한국말을 공부합니까?
나: 한국 드라마를 좋아해서 한국말을 공부합니다.
그리고 한국 친구를 사귀고 싶어서 한국말을 공부합니다.

사귀다 EN to make friends with JP 友達になる、付き合う CH 交往

과제 3 말하고 쓰기

01

보기 와 같이 친구와 이야기하고 일기를 쓰십시오.

	보기	나	______
오늘 수업이 어땠습니까?	재미있었습니다.		
무엇이 어려웠습니까?	말하기가 어려웠습니다.		
쉬는 시간에 무엇을 했습니까?	친구들하고 이야기했습니다.		
반 친구들이 어떻습니까?	슈테판 씨는 독일 사람입니다. 말하기와 듣기를 잘 합니다.		
내일은 무엇을 하고 싶습니까?	친구들과 더 많이 이야기하고 같이 밥도 먹고 싶습니다.		

보기 7월 4일 월요일

오늘부터 한국말 수업이 시작되었습니다. 수업이 재미있었지만 말하기가 어려웠습니다. 쉬는 시간에 친구들과 이야기를 많이 했습니다. 슈테판 씨는 독일 사람입니다. 말하기와 듣기를 잘 합니다.

내일은 친구들과 더 많이 이야기하고 밥도 같이 먹고 싶습니다.

______월 ______일 ______요일

____

____

____

____

____

____

MP3_2

제2과

제가 영주 씨에게 연락할게요

- **학습 목표** 한국어로 문자 메시지를 주고 받을 수 있다.
- **어휘** 문자 메시지, 보내다, 확인하다, 약속, 장소, 바뀌다
  휴대 전화 관련 어휘
- **문법** -는데[1], -을게요
- **과제** 휴대 전화 사용에 대한 대화를 듣고 말하기
  여러 종류의 문자 메시지를 읽고 문자 메시지 보내기
  자신의 휴대 전화에 대해 말하고 쓰기

1. 여러분은 휴대 전화가 있습니까?
2. 여러분은 휴대 전화로 무엇을 할 수 있습니까?

MP3

문자 메시지
EN text message
JP 携帯メール
CH 短信

보내다
EN to send
JP 送る
CH 寄、发

확인하다
EN to check/to confirm
JP 確認する
CH 确认

약속
EN promise/appointment
JP 約束
CH 约定

장소
EN place
JP 場所
CH 场所

바뀌다
EN to be changed
JP 変わる
CH 改变

유 리　슈테판 씨, 제가 어제 문자 메시지를 보냈는데 확인했어요?

슈테판　아니요, 어제 일찍 자서 확인하지 못했어요.

유 리　약속 장소가 바뀌어서 문자를 보냈어요.

슈테판　그래요? 영주 씨한테도 연락했어요?

유 리　아니요, 못했어요.

슈테판　그럼 제가 영주 씨에게 연락할게요.

보냈는데　[보낸는데]
연락할게요　[열라칼께요]

어휘

전화를 켜다
EN to turn on the phone
JP 電話の電源を入れる
CH 开机

전화를 끄다
EN to turn off the phone
JP 電話の電源を切る
CH 关机

진동으로 바꾸다
EN to change to vibrate mode
JP 振動にする / バイブレーションに変える
CH 换成振动

문자 메시지를 보내다
EN to send a text message
JP 携帯メールを送る
CH 发短信

문자 메시지를 확인하다
EN to check a text message
JP 携帯メールを確認する
CH 确认短信

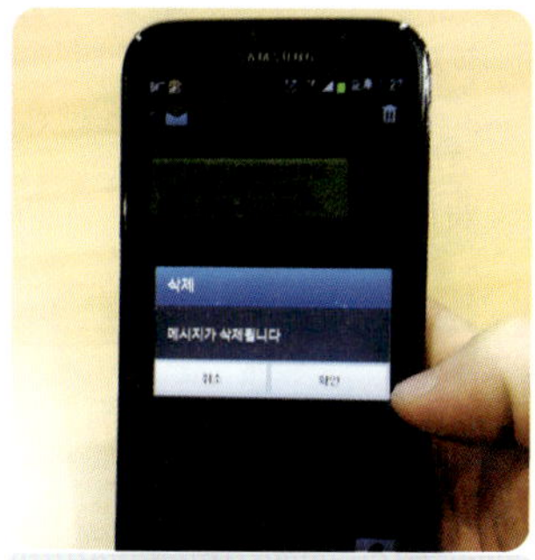

문자 메시지를 삭제하다
EN to delete a text message
JP 携帯メールを削除する
CH 删除短信

빈 칸에 알맞은 말을 보기 와 같이 쓰십시오.

저는 유리 씨와 영화를 보러 갔습니다. 우리는 극장 안에 들어갔습니다. 영화가 시작되었습니다. 저는 휴대 전화를 보기 껐습니다~~었습니다/았습니다/였습니다.~~ 유리 씨는 휴대 전화를 끄지 않고 1) ____________ 었습니다/았습니다/였습니다.

영화가 끝났습니다. 저는 휴대 전화를 2) ____________ 었습니다/았습니다/였습니다. 휴대 전화에 문자 메시지가 많이 왔습니다. 그래서 모두 3) ____________ 고 다 읽은 메시지를 4) ____________ 었습니다/았습니다/였습니다.

문법

1 -는데,-은데/ㄴ데[1]

- 제가 이메일을 보냈는데 확인했어요?
- 요즘 한국은 더운데 일본 날씨는 어때요?
- 저는 20살인데 슈테판 씨는 몇 살이에요?
- 영주 씨가 오늘 학교에 안 왔는데 무슨 일이 있어요?

보기 와 같이 쓰고 친구와 이야기하십시오.

보기	국적: 일본	저는 일본에서 왔는데 마이클 씨는 어느 나라에서 왔어요? 저는 일본 사람인데 유리 씨도 일본 사람이에요?
1)	가족 수:	
2)	나이:	
3)	취미:	
4)	지금 사는 곳:	
5)	한국어 (말하기, 듣기, 쓰기, 읽기):	

2 -을게요/ㄹ게요

- 9시쯤 전화할게요.
- 제가 먼저 읽을게요.
- 내일은 늦지 않을게요.
- 오늘 밤에 문자 메시지를 보낼게요.

히로미 씨의 생일 파티를 준비합니다. 친구들이 무엇을 준비하겠습니까? 보기 와 같이 쓰십시오.

보기
제가 생일 케이크를 살게요.

1) ______________________________

2) ______________________________

3) ______________________________

4) ______________________________

5) ______________________________

과제 1 듣고 말하기

듣고 질문에 대답하십시오.

MP3 01

1) 슈테판 씨는 어느 나라 말로 문자 메시지를 보냅니까?

____

2) 들은 내용과 같으면 O, 다르면 X 하십시오.

❶ 슈테판 씨는 친구들과 전화로 자주 연락합니다. ( )

❷ 유리 씨는 한국어로 문자 메시지를 보냅니다. ( )

❸ 슈테판 씨가 유리 씨에게 문자 메시지를 보내겠습니다. ( )

MP3 02

1) 슈테판 씨가 왜 영주 씨에게 전화를 했습니까? ( )

❶ 미술관 이름을 알고 싶어서

❷ 식당 이름을 알고 싶어서

❸ 영주 씨를 만나고 싶어서

❹ 영주 씨에게 고마워서

2) 슈테판 씨는 전화를 끊고 무엇을 하겠습니까?

____

3) 들은 내용과 같으면 O, 다르면 X 하십시오.

❶ 영주 씨는 미술관에서 휴대전화를 진동으로 바꿨습니다. ( )

❷ 영주 씨가 전화를 받지 않아서 슈테판 씨는 음성 메시지를 남겼습니다. ( )

괜찮다 EN to be okay JP 大丈夫だ CH 还可以、没关系
음성 메시지 EN voice message JP 音声メッセージ CH 语音信息
미술관 EN art gallery JP 美術館 CH 美术馆
남기다 EN to leave JP 残す CH 剩下、保留

03 여러분은 전화로 자주 연락합니까? 문자 메시지를 자주 보냅니까? 이야기 하십시오.

어떻게 연락합니까?	
문자 메시지를 어느 나라 말로 보냅니까?	
한국어로 문자를 보냅니까? 어렵지 않습니까?	
누구한테서 문자를 자주 받습니까?	

문화

• **유용한 전화번호**

외국인들에게 도움이 되는 전화번호들이 많이 있습니다.
첫 번째는 관광 정보를 알려주는 관광 안내전화인 1330입니다.
24시간 연중무휴로 운영되고 무료로 제공됩니다.
두 번째는 응급 의료, 병원 정보 안내 전화번호인 1339번입니다.
병원 진료와 약국에 대한 정보를 실시간으로 알 수 있습니다.
범죄 신고는 112번, 화재 신고는 119번이고, 전화번호 안내는 114번, 기상예보 안내는 131번입니다.

과제 2 읽고 쓰기

읽고 질문에 대답하십시오.

유리 씨, 저는 오늘 일이 있어서
모임에 갈 수 없어요.
미안해요. ㅠㅠ
친구들에게 이야기해 주세요.
그럼 내일 학교에서 만나요. (*^0^*)
- 마이클

네, 알겠어요, 마이클 씨.
제가 친구들에게 이야기할게요.
걱정하지 마세요. (^□^)
내일 학교에서 봐요.
- 유리

01

1) 마이클 씨는 오늘 왜 모임에 갈 수 없습니까?

____

2) 내용과 같으면 O, 다르면 X 하십시오.

❶ 유리 씨는 친구들에게 마이클 씨 이야기를 하겠습니다. (　　)

❷ 내일 두 사람은 학교에서 만나겠습니다. (　　)

02

PM 2:10

슈테판 씨, 저는 지금 지하철역인데
슈테판 씨는 어디에 있어요?
저는 모임 장소를 몰라요. (-..-)
우리 만나서 같이 가요.
지하철역에서 기다릴게요.
문자 보내 주세요.
- 리핑

PM 2:25

리핑 씨, 저도 지하철역에 도착
했어요. 저는 그 식당에 일주일
전에 갔어요. 그래서 잘 알아요. ^^
그럼 지하철역 3번 출구 앞에서
만나요. 지금 갈게요.
- 슈테판

1) 리핑 씨는 왜 슈테판 씨에게 문자를 보냈습니까?

____

2) 내용과 다른 것을 고르십시오. (　　)

❶ 두 사람은 모임에 같이 가겠습니다.
❷ 슈테판 씨가 먼저 지하철역에 도착했습니다.
❸ 슈테판 씨는 1주일 전에 그 식당에 갔습니다.
❹ 두 사람은 지하철역 3번 출구에서 만나겠습니다.

03 다음을 읽고 문자 메시지를 보내십시오.

❶ 내일 아파서 학교에 갈 수 없습니다. 선생님께 문자 메시지를 보내십시오.

❷ 숙제를 알고 싶습니다. 친구에게 문자 메시지를 보내십시오.

❸ 선생님 전화번호를 알고 싶습니다. 친구에게 문자 메시지를 보내십시오.

걱정하다 EN to worry JP 心配する CH 担心
먼저 EN first JP 先に CH 首先
출구 EN exit JP 出口 CH 出口

과제 3 말하고 쓰기

01 친구들과 휴대 전화에 대해 이야기하십시오.

	보기 유리		
언제 샀어요?	1년 전		
휴대 전화로 무엇을 해요?	문자 메시지		
뭐가 좋아요?	❶ 가벼워요. ❷ 사전을 찾을 수 있어요.		

보기

슈테판: 유리 씨는 휴대 전화를 언제 샀어요?
유 리: 1년 전에 샀어요.
슈테판: 그래요? 저는 휴대 전화로 뉴스를 많이 보는데 유리 씨는 휴대 전화로 뭘 많이 해요?
유 리: 문자 메시지를 많이 보내요.
슈테판: 누구에게 자주 문자 메시지를 보내요?
유 리: 한국 친구에게 자주 문자 메시지를 보내요.
슈테판: 유리 씨 휴대 전화는 뭐가 좋아요?
유 리: 제 휴대 전화는 가볍고 사전도 찾을 수 있어요.

02 보기 와 같이 쓰십시오.

보기

저는 1년 전에 휴대 전화를 샀어요.
그리고 휴대 전화로 문자 메시지를 많이 보내요.
한국 친구에게 자주 문자를 보내요.
제 휴대 전화는 가볍고 사전도 찾을 수 있어서 좋아요.

MP3_3

제3과

한국에서 공연을 본 적이 있어요?

- **학습 목표** 공연을 본 경험을 말할 수 있다
- **어휘** 공연, 한번, 관객
  관람 관련 어휘
- **문법** -은 적이 있다, -는군요
- **과제** 공연 본 경험 듣기
  공연을 본 경험에 대한 이야기 읽고 말하기
  공연 본 경험을 말하고 쓰기

1 여러분은 무슨 공연을 좋아합니까?

2 여러분은 공연을 보기 전에 무엇을 합니까?

MP3

공연
EN public performance
JP 公演
CH 公演

한번
EN once
JP ちょっと/一度
CH 一下

관객
EN audience
JP 観客
CH 观众

유 리 한국에서 공연을 본 적이 있어요?

슈테판 아니요, 본 적이 없어요.

유 리 저는 지난 주말에 친구들과 콘서트에 갔어요.

슈테판 콘서트가 어땠어요?

유 리 아주 재미있었어요. 여기 사진이 있으니까 한번 보세요.

슈테판 관객이 정말 많군요.

어땠어요 [어때써요]
많군요 [만쿤뇨]

어휘

뮤지컬
EN musical
JP ミュージカル
CH 音乐剧

음악회
EN music concert
JP 音楽会
CH 音乐会

콘서트
EN concert
JP コンサート
CH 演唱会

연극
EN play
JP 演劇
CH 喜剧

운동 경기
EN sports competition
JP スポーツの試合
CH 运动竞赛

영화
EN movie
JP 映画
CH 电影

빈 칸에 알맞은 말을 쓰십시오.

저는 연기와 춤도 보고 노래도 들을 수 있는 **보기** 뮤지컬을을/를 좋아합니다. 그래서 가끔 친구들과 같이 극장에 갑니다. 앞에서 배우들을 볼 수 있는 1) ________ 도 좋아합니다. 하지만 표가 비싸서 자주 보지 못합니다. 제 동생은 2) ________ 을/를 좋아해서 자주 영화관에 갑니다. 제 남자친구는 스포츠를 좋아해서 3) ________ 을/를 보러 갑니다. 저와 우리 반 친구들은 좋아하는 가수의 4) ________ 을/를 보러 자주 갑니다.

문법

1 -은/ㄴ 적이 있다

- 이 노래를 들은 적이 있어요.
- 저는 삼계탕을 먹은 적이 있습니다.
- 저는 한국 무용을 배운 적이 없습니다.
- 한복을 입은 적이 있어요?

여러분이 특별히 경험한 것을 보기 와 같이 이야기하십시오.

보기 음식	1) 여행	2) 운동	3) 외국어	4) 사람	5) 공연
-을/를 먹다	-을/를 여행하다	-을/를 배우다	-을/를 공부하다	-을/를 만나다	-을/를 보다

보기
저는 토끼 고기를 먹은 적이 있어요. 10년 전에 중국에서 먹었어요. 맛있었어요.

1) ______________________________

2) ______________________________

3) ______________________________

4) ______________________________

5) ______________________________

2 -는군요, 군요

- 매운 음식을 잘 드시는군요.
- 방이 참 넓군요.
- 저 분이 영수 씨 어머님이시군요.
- 어제 잠을 잘 못 잤군요.

여기는 명동입니다. 사진을 보고 보기 와 같이 이야기하십시오

보기 사람이 많군요.

1) ______________________

2) ______________________

3) ______________________

4) ______________________

5) ______________________

과제 1 듣기

듣고 질문에 대답하십시오.

MP3 01

1) 샤오밍 씨는 언제 공연을 봤습니까? (   )

❶ 이번 주 수요일　❷ 이번 주 화요일
❸ 지난주 수요일　❹ 지난주 화요일

2) 공연이 어땠습니까? 쓰십시오.

____

3) 들은 내용과 같으면 O, 다르면 X 하십시오.

❶ 마이클 씨는 난타를 본 적이 있습니다. (   )
❷ 샤오밍 씨는 한국에서 공연을 봤습니다. (   )

MP3 02

1) 남자는 콘서트 표를 어떻게 샀습니까?

____

2) 들은 내용과 같으면 O, 다르면 X 하십시오.

❶ 남자는 외국인이어서 할인을 받을 수 없었습니다. (   )
❷ 여자도 인터넷으로 표를 사고 싶어합니다. (   )

난타 EN Nanta JP ナンタ CH 乱打
표 EN ticket JP チケット/切符 CH 票
할인 EN discount JP 割引 CH 打折、折扣
인터넷 EN internet JP インターネット CH 网络
가격 EN price JP 価格 CH 价格

과제 2 읽고 말하기

읽고 질문에 대답하십시오.

저는 오늘 친구와 같이 '2012년 서울 콘서트'에 갔습니다. 한국 문화와 한국 음악을 좋아하는 외국인들이 많이 왔습니다.

콘서트는 서울 월드컵 경기장에서 오후 6시 30분에 시작했습니다. 하지만 저는 조금 일찍 콘서트장에 가서 친구와 함께 사진을 찍었습니다.

콘서트는 아주 즐거웠습니다. 그리고 제가 좋아하는 가수들을 볼 수 있어서 정말 행복했습니다.

01

1) 공연의 이름은 무엇입니까?

____

2) 누가 공연에 갈 수 있습니까? (　　)

❶ 한국 사람　❷ 서울 사람　❸ 외국 사람　❹ 운동선수

3) 내용과 같으면 O, 다르면 X 하십시오.

❶ 2012년 5월 12일에 축구 경기를 합니다. (　　)

❷ 이 콘서트에서 여러 가수들을 볼 수 있습니다. (　　)

02 다음 공연 중에서 무엇을 보고 싶습니까? 친구들과 이야기하십시오.

보기

유 리: 슈테판 씨는 어느 공연을 보고 싶어요?
슈테판: 저는 피아노 공연을 보고 싶어요.
유 리: 고향에서 피아노 공연을 자주 봤어요?
슈테판: 네, 자주 봤어요.
유 리: 클래식을 좋아하는군요.
슈테판: 네, 클래식을 아주 좋아해요.
유 리: 한국에서도 피아노 공연을 본 적이 있어요?
슈테판: 아니요, 본 적이 없어요. 유리 씨는 어느 공연을 보고 싶어요?

⋮

초대하다 EN to invite JP 招待する CH 邀请
출연하다 EN to perform JP 出演する CH 出演
클래식 EN classical music JP クラシック CH 古典音乐
문화 EN culture JP 文化 CH 文化
외국 EN foreign country JP 外国 CH 外国

과제 3 말하고 쓰기

01

표를 채우고 보기 와 같이 친구와 이야기하십시오.

	보기	______	______
공연 이름	난타		
언제	지난주 수요일		
어디에서	서울 역사 박물관 앞 난타 극장		
누구하고	여자 친구		
어땠습니까?	재미있었습니다.		

보기

가: 공연을 본 적이 있어요?

나: 네, 한국에서 난타를 본 적이 있어요.

가: 어디에서 봤어요?

나: 서울 역사 박물관 앞에 있는 난타극장에서 봤어요.

가: 언제, 누구하고 봤어요?

나: 지난주 수요일에 여자 친구하고 봤어요.

가: 공연이 어땠어요?

나: 재미있었어요.

역사 EN history JP 歴史 CH 历史　　**박물관** EN museum JP 博物館 CH 博物馆

02 **보기 와 같이 쓰십시오.**

보기

저는 지난주 수요일에 여자 친구하고 같이 서울 역사박물관 앞에 있는 난타극장에 갔어요. 거기에서 난타를 봤어요. 아주 재미있었어요.

문화

• 한국 사람들의 문화 생활

한국 사람들은 문화생활로 다양한 공연을 봅니다. 특히 연극이나 작은 콘서트를 보고 싶을 때는 보통 대학로에 많이 갑니다. 대학로에 있는 크고 작은 극장에서 매일 여러 가지 공연들을 많이 합니다.

서울에 큰 극장도 많습니다. 광화문에 세종문화회관, 남산 근처에는 국립극장, 서울의 남쪽에는 예술의 전당이 있습니다. 그곳에서 연극, 콘서트, 뮤지컬, 오페라, 음악회 등 다양한 공연을 볼 수 있습니다.

한국 사람들은 영화도 자주 봅니다. 특히 주말에는 표를 사기가 아주 힘들기 때문에 인터넷으로 미리 예약을 해야 합니다.

MP3_4

제4과

내일 야구를 보려고 해요

- **학습 목표** 약속 시간과 약속 장소를 정할 수 있다.
- **어휘** 시작하다, 경기장, 매표소, 약도
  약속 관련 어휘
- **문법** -고 있다, -으려고 하다
- **과제** 약속하는 대화 듣고 말하기
  약속에 늦은 이야기 읽기
  전화로 약속하고 다른 친구에게 문자 메시지 보내기

9/4 일	9/5 월	9/6 화	9/7 수	9/8 목	9/9 금	9/10 토
1:00 영주 와 식사		2:00 슈테판 과 도서관 에서		3:30 선생님	7:00 반모임 학교앞 한식집	12:00 유리 극장앞

1. 여러분은 오늘 친구와 약속이 있습니까?
2. 여러분은 친구들과 어디에서 자주 만납니까?

MP3

영 주	여보세요? 슈테판 씨, 지금 통화 괜찮아요?
슈테판	괜찮아요. 지금 쉬고 있어요.
영 주	저는 내일 야구를 보려고 해요. 같이 가시겠어요?
슈테판	좋아요. 몇 시에 시작해요?
영 주	7시에 시작하니까 경기장 매표소 앞에서 6시에 만나요.
슈테판	그럼 경기장 약도를 휴대 전화로 좀 보내 주세요.

시작하다
EN to start
JP 始める
CH 开始

경기장
EN sports stadium
JP 競技場
CH 竞技场

매표소
EN ticket booth
JP チケット売り場
CH 售票处

약도
EN rough map
JP 略図
CH 示意图、简图

시작해요 [시자캐요]
약도를 [약또를]

어휘

약속하다
EN to make an appointment
JP 約束する
CH 约定

약속 장소
EN appointment place
JP 約束の場所/待ち合わせ場所
CH 约定场所

약속 시간
EN appointment time
JP 約束時間
CH 约定时间

약속을 바꾸다
EN to change an appointment
JP 約束を変える
CH 改变约定

약속을 지키다
EN to keep an appointment
JP 約束を守る
CH 守约

빈 칸에 알맞은 말을 보기 와 같이 쓰십시오.

저는 이번 주 토요일에 영희 씨와 영화를 보고 싶었습니다. 그래서 우리는 만날 보기 약속을 했습니다었습니다/았습니다/였습니다. 1) ______________ 은/는 대학 극장이었고, 2) ______________ 은/는 토요일 오후 2시였습니다. 그런데 토요일 오후에 영희 씨에게서 전화가 왔습니다. 영희 씨는 회사에 일이 있어서 3) ______________ 을/ㄹ 수 없었습니다. 그래서 우리는 4시로 4) ______________ 었습니다/았습니다/였습니다.

문법

1 -고 있다

- 언니는 지금 책을 읽고 있어요.
- 형은 공부를 하고 있고 동생은 텔레비전을 보고 있어요.
- 저기에서 전화하고 계시는 분이 제 어머니예요.
- 저는 한국에서 한국말을 배우고 있습니다.

사람들이 지금 무엇을 하고 있습니까? 문장을 만드십시오.

보기 슈테판 씨는 책을 읽고 있어요.

1) 유리 씨와 영주 씨는 ____________________

2) 샤오밍 씨는 ____________________

3) 마이클 씨는 ____________________

4) 리핑 씨는 ____________________

5) 제임스 씨는 ____________________

2 -으려고/려고 하다

- 몇 시에 출발하려고 해요?
- 내일 친구를 만나려고 합니다.
- 저녁에 비빔밥을 만들려고 해요.
- 저는 오늘 오후에 은행에 가서 돈을 찾으려고 합니다.

여러분의 올해 계획입니다. 무엇을 하려고 합니까? 그림을 보고 보기 와 같이 문장을 만드십시오.

보기		1)		2)	
3)		4)		5)	

보기 저는 날마다 일찍 일어나려고 합니다.

1) ____________________

2) ____________________

3) ____________________

4) ____________________

5) ____________________

과제 1 듣고 말하기

듣고 질문에 대답하십시오.

MP3 01

1) 샤오밍 씨와 유리 씨는 내일 무엇을 하려고 합니까?

❶ 숙제를 하려고 합니다. ❷ 노래를 들으려고 합니다.
❸ 서울을 구경하려고 합니다. ❹ 명동을 구경하려고 합니다.

2) 약속 장소가 어디입니까? 그리고 약속 시간은 언제입니까?

____

MP3 02

1) 샤오밍 씨는 왜 약속 시간에 늦었습니까? (　　)

❶ 차가 많았어요. ❷ 일이 있었어요.
❸ 버스가 안 왔어요. ❹ 약속 장소를 찾기가 어려웠어요.

2) 들은 내용과 같으면 O, 다르면 X 하십시오.

❶ 샤오밍 씨는 약속 장소에 가지 못했습니다. (　　)
❷ 샤오밍 씨는 여기저기 구경할 수 없었습니다. (　　)

03 여러분은 이번 주에 친구하고 약속이 있습니까? 이야기하십시오.

언제 약속이 있습니까?	
누구를 만나려고 합니까?	
어디에서 만나려고 합니까?	
무엇을 하려고 합니까?	

시티투어버스 EN City Tour Bus JP シティツアーバス CH 城市旅行巴士
광화문 EN Gwanghwamun JP 光化門 CH 光化门(地名)
마다 EN every / each JP ごとに CH 每
찾기 EN searching JP 見つけること CH 寻找、检索

과제 2 읽기

슈테판 씨의 일기입니다. 읽고 질문에 대답하십시오.

7월 26일 화요일

오늘은 제 친구 샤오밍 씨의 생일이었습니다. 그래서 학교 친구들과 만날 약속을 했습니다. 약속 장소는 학교 근처 식당이었습니다. 유리 씨가 약속 장소를 가르쳐 주었지만 저는 잘 찾지 못했습니다. 그래서 유리 씨에게 전화를 했습니다. 유리 씨는 근처에 있는 빵집에 있었습니다. 유리 씨는 케이크를 사고 있었습니다. 그래서 저는 빵집으로 갔습니다. 그리고 유리 씨와 같이 약속 장소에 갔습니다. 우리는 약속 시간에 10분쯤 늦었습니다. 친구들이 모두 우리를 기다리고 있었습니다. 친구들에게 조금 미안했습니다.

01

1) 슈테판 씨는 오늘 왜 반 친구들을 만났습니까?

---

2) 슈테판 씨는 어디에서 유리 씨를 만났습니까? (　　)

❶ 식당　❷ 빵집　❸ 교실　❹ 학교 앞

3) 내용과 같으면 O, 다르면 X 하십시오.

❶ 유리 씨가 케이크를 샀습니다. (　　)
❷ 유리 씨가 약속 장소를 잘못 가르쳐 주었습니다. (　　)
❸ 슈테판 씨는 약속 장소에 10분쯤 일찍 갔습니다. (　　)
❹ 친구들이 학교 앞에서 슈테판 씨를 기다리고 있었습니다. (　　)

미안하다 EN to be sorry JP 申し訳ない CH 对不起

과제 3 말하고 쓰기

01 친구와 약속을 하십시오. 그리고 다른 친구에게 약속 시간과 약속 장소를 문자 메시지로 보내십시오.

	보기	1)	2)
약속 시간	내일 2시	수요일 6시	이번 주말
약속 장소	학교 앞	잠실역 5번 출구	서울 백화점 1층
할 일	영화	야구 경기	쇼핑
연락할 친구	샤오밍	______	______

보기

가: 여보세요? 슈테판 씨, 지금 통화 괜찮아요?

나: 네, 괜찮아요. 지금 쉬고 있어요.

가: 내일 영화를 보려고 하는데 같이 가시겠어요?

나: 좋아요. 몇 시에 만날까요?

가: 오후 2시에 만나요.

나: 어디에서 만날까요?

가: 학교 앞에서 만나요.

나: 제가 샤오밍 씨에게도 연락할까요?

가: 좋아요.

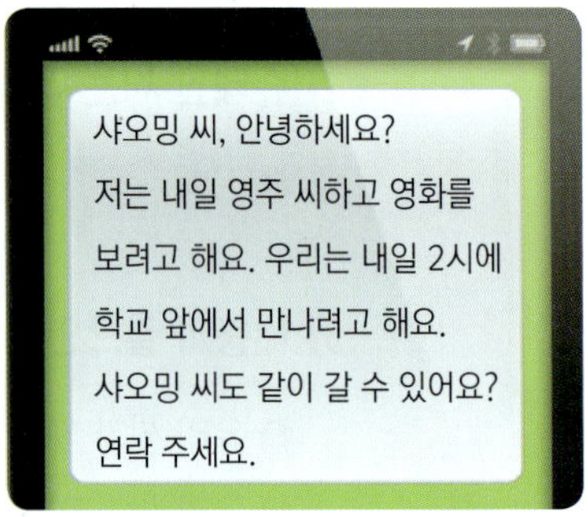

1)

가: ______

나: ______

가: ______

나: ______

가: ______

나: ______

가: ______

나: ______

2)

가: ______

나: ______

가: ______

나: ______

가: ______

나: ______

가: ______

나: ______

MP3_5

제5과

퇴근 시간이어서 길이 막힐 것 같아요

- **학습 목표** 교통편을 물을 수 있다.
- **어휘** 대학로, 퇴근, 길, 막히다, 호선, 갈아타다, 혜화역
  교통 관련 어휘
- **문법** 으로, -는 것 같다
- **과제** 교통 이야기 듣고 말하기
  버스 이용에 대한 이야기 읽고 말하기
  목적지 찾아가는 방법 말하고 쓰기

1 여러분은 무엇을 타고 학교에 옵니까?

2 여러분은 버스를 자주 탑니까? 지하철을 자주 탑니까?

MP3

유 리	대학로까지 어떻게 갈까요?
슈테판	한 번에 가는 버스가 있으니까 버스를 탑시다.
유 리	지금은 퇴근 시간이어서 길이 막힐 것 같아요.
슈테판	그럼 지하철을 탈까요?
유 리	네, 좋아요. 그런데 어디에서 내려요?
슈테판	서울역에서 4호선으로 갈아타고 혜화역에서 내려요.

대학로 [대항노]
막힐 것 [마킬 껃]

대학로
EN Daehangno
JP 大学路
CH 大学路(地名)

퇴근
EN leaving one's office
JP 退勤
CH 下班

길
EN road
JP 道
CH 路

막히다
EN to be blocked
JP 混む
CH 堵塞

호선
EN (subway/bus) line number
JP 号線
CH 号线

갈아타다
EN to transfer
JP 乗り換える
CH 换乘

혜화역
EN Hyehwa Station
JP 恵化駅
CH 惠化站

어휘

출발하다
EN to depart
JP 出発する
CH 出发

도착하다
EN to arrive
JP 到着する
CH 到达

갈아타다
EN to transfer
JP 乗り換える
CH 换乘

버스 정류장
EN bus stop
JP バス停留所
CH 公共汽车站

지하철역
EN subway station
JP 地下鉄駅
CH 地铁站

택시 타는 곳
EN place to ride a taxi
JP タクシー乗り場
CH 出租车搭乘处

기차역
EN train station
JP 汽車駅
CH 火车站

공항
EN airport
JP 空港
CH 机场

슈테판 씨가 서울역까지 어떻게 갔습니까? 그림을 보고 보기 와 같이 쓰십시오.

보기

1)

2)

3)

4)

슈테판 씨가 하숙집에서 10시 30분에 보기 출발했습니다~~었습니다/ 았습니다~~/였습니다. 하숙집 근처에 있는 1)__________에서 마을버스를 타고 신도림 지하철역까지 갔습니다. 버스에서 내려서 지하철로 2)__________었습니다/았습니다/였습니다. 오전 11시에 지하철 서울역에 3)__________었습니다/았습니다/였습니다. 지하철역 밖으로 나왔습니다. 11시 10분에 4)__________에 도착했습니다.

문법

1 으로/로

- 서울역에서 지하철 4호선으로 갈아타세요.
- 옷이 불편해서 편한 옷으로 갈아입었습니다.
- 구두를 벗고 운동화로 갈아 신었습니다.
- 노란색 가방을 빨간색 가방으로 바꾸고 싶어요.

유리 씨가 오늘 한 일입니다. 그림을 보고 보기 와 같이 쓰십시오.

유리 씨는 오늘 남자친구와 데이트가 있었습니다. 아침에 일어나서 보기 청바지와 티셔츠로 갈아입었습니다 ~~었습니다/았습니다/였습니다~~. 바지가 예쁘지 않았습니다. 그래서 1) ______________ 었습니다/았습니다/였습니다. 가방이 크고 무거워서 2) ______________ 었습니다/았습니다/였습니다. 슬리퍼를 벗고 3) ______________ 었습니다/았습니다/였습니다. 지하철역까지 마을버스를 탔습니다. 마을버스에서 내려서 4) ______________ 었습니다/았습니다/였습니다. 약속 시간에 조금 늦어서 지하철역 앞에서 5) ______________ 고 갔습니다.

2 -는, -은/ㄴ 것 같다

- 밖에 비가 오는 것 같아요.
- 미선 씨가 좀 아픈 것 같아요.
- 슈테판 씨가 독일에 돌아간 것 같아요.
- 이번 시험은 어려울 것 같아요.

교실의 모습입니다. 사진을 보고 보기 와 같이 여러분의 생각을 쓰십시오.

보기 히로미

보기
히로미 씨는
수업에 늦은 것 같아요.

히로미 씨는 오늘 늦게
일어난 것 같아요.

1) 마이클 씨는 ______

2) 슈테판 씨는 ______

3) 유리 씨는 ______

4) 샤오밍 씨는 ______

5) 리핑 씨는 ______

과제 1 듣고 말하기

듣고 질문에 대답하십시오.

MP3 01

1) 두 사람은 지금 어디에 있습니까? (　　)

❶ 공항　❷ 기차역　❸ 지하철역　❹ 버스 정류장

2) 들은 내용과 같으면 O, 다르면 X 하십시오.

❶ 남자는 한 번에 가는 버스가 있어서 버스를 타겠습니다. (　　)
❷ 남자는 지하철 2호선에서 3호선으로 갈아타겠습니다. (　　)
❸ 강남역에서 고속 터미널까지 지하철로 30분쯤 걸립니다. (　　)

MP3 02

1) 두 사람은 지금 어디에 있습니까? (　　)

❶ 공항　❷ 기차역　❸ 지하철역　❹ 버스 정류장

2) 인천공항에서 서울역까지 보통 버스로 얼마나 걸립니까?

___

3) 들은 내용과 같으면 O, 다르면 X 하십시오.

❶ 여자는 서울역까지 버스를 타겠습니다. (　　)
❷ 공항 철도가 버스보다 더 빠릅니다. (　　)

03

여러분은 인천공항에서 서울 시내까지 무엇을 타고 왔습니까? 이야기하십시오.

무엇을 타고 왔습니까?	
시간이 얼마나 걸렸습니까?	
여러분 나라에서는 공항까지 무엇을 타고 갑니까?	

고속버스 터미널 EN Express Bus Terminal JP 高速バスターミナル CH 高速汽车站
강남역 EN Gangnam Station JP 江南駅 CH 江南站
교대역 EN Seoul National University of Education Station JP 教大駅 CH 教大站

과제 2 읽고 말하기

읽고 질문에 대답하십시오.

Hi Seoul 버스정보시스템 (BUS)

10월 10일
15:30

603 4분　707 5분　604 3분
5528 1분　470 6분

곧도착 : 5528

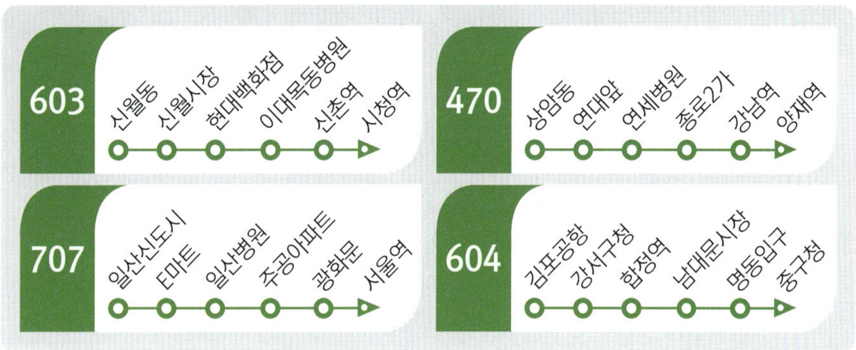

01

1) 서울역에 가고 싶습니다. 몇 번 버스가 서울역에 갑니까?

2) 남대문 시장에 가는 버스는 몇 번입니까? 몇 시에 도착합니까?

3) 신촌역에 가는 버스는 몇 번입니까? 몇 시에 도착합니까?

4) 몇 번 버스가 곧 도착합니까?

곧 EN soon / immediately JP すぐ CH 立刻、马上

02 **유리 씨의 일기입니다. 읽고 질문에 대답하십시오.**

10월 10일 월요일 비

어제 저는 한국 친구 미선 씨 집에 갔습니다. 미선 씨 집은 강남역에 있었습니다. 저는 강남역에 간 적이 없어서 걱정했습니다. 저는 하숙집 근처에 있는 버스 정류장에 갔습니다.

"아주머니, 몇 번 버스가 강남역에 가요?"

"나도 잘 모르겠어요. 저기에 있는 버스 노선도를 한번 보세요."

"네, 감사합니다."

저는 노선도를 봤습니다. 470번이 강남역에 갔습니다. 4분 후에 버스가 와서 버스를 탔습니다. 강남역에서 내렸습니다. 버스 정류장에서 미선 씨가 저를 기다리고 있었습니다. 버스 타기가 어렵지 않았습니다.

1) 유리 씨는 왜 걱정했습니까? 쓰십시오.

____

2) 내용과 같으면 O, 다르면 X 하십시오.

❶ 유리 씨는 강남역에서 버스를 탔습니다. (　　)
❷ 아주머니는 강남역에 가는 버스 번호를 알았습니다. (　　)
❸ 유리 씨는 버스를 많이 기다렸습니다. (　　)
❹ 미선 씨는 집에서 유리 씨를 기다리고 있었습니다. (　　)

노선도 EN route map JP 路線図 CH 路线图

03 여러분은 버스를 타고 어디에 갔습니까? 친구와 이야기하십시오.

언제 갔습니까?	
몇 번 버스를 탔습니까?	
어디에 갔습니까?	
버스 타기가 어땠습니까?	

문화

• 대중교통 환승

한국에서 교통카드나 신용카드를 사용하여 버스나 지하철을 갈아타면 요금이 할인됩니다. 반드시 내릴 때마다 단말기에 카드를 대야 합니다. 환승 이용 유효시간은 하차 후 30분(21시~ 익일 07시까지는 1시간)이내입니다.

그러나 지하철을 나온 후 다시 지하철을 이용하거나 같은 번호의 버스를 이용할 때에는 환승할인이 적용되지 않습니다. 또한 탑승이용거리에 따라 10Km까지 기본요금이며 추가로 5Km마다 100원씩 요금이 추가로 부과됩니다.

과제 3 말하고 쓰기

01 **친구와 지하철을 타고 서울 여행을 하겠습니다. 보기 와 같이 표를 완성하고 친구와 이야기하십시오.**

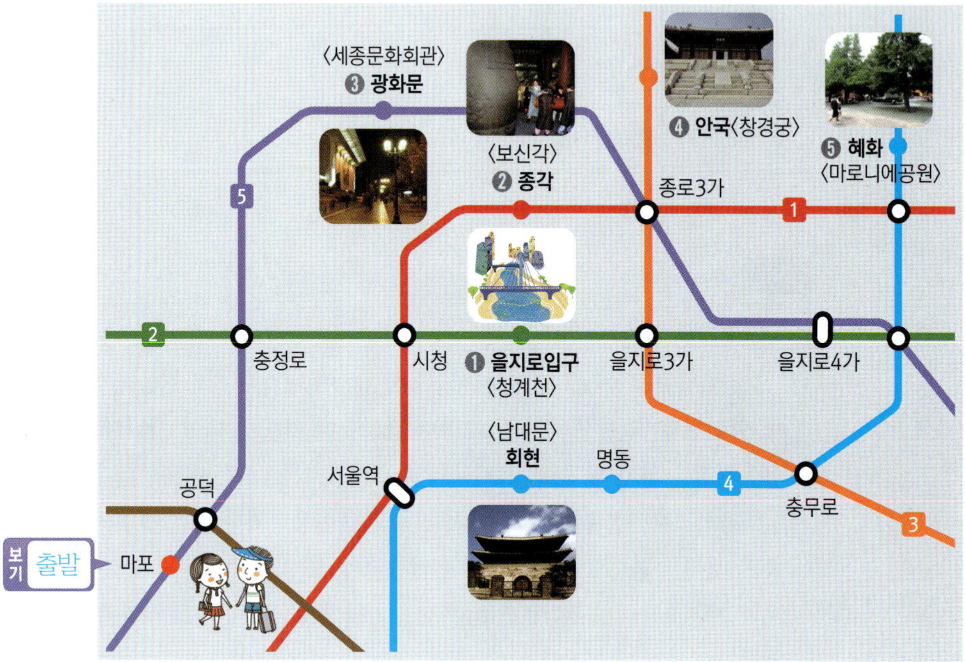

가고 싶은 곳	출발하는 역	갈아타는 역	도착하는 역
청계천	보기 5호선 마포역	충정로역	2호선 을지로입구역
보신각	❶ 2호선 을지로입구역		1호선 종각역
세종문화회관	❷ 1호선 종각역	종로3가역	
창경궁	❸		
대학로 마로니에 공원	❹ 3호선 안국역	충무로	
남대문	❺		

보기

가: 어디에 갈까요?
나: 청계천에 가고 싶어요. 청계천이 재미있을 것 같아요.
가: 그럼 마포역에서 5호선을 타고 충청로역까지 갑시다.
나: 한 번에 가요?
가: 아니요, 충정로역에서 2호선으로 갈아타요.
나: 그리고 어디에서 내려요?
가: 2호선 을지로입구역에서 내려요.

02 **어디에 가고 싶습니까? 거기까지 가는 방법을 보기 와 같이 쓰십시오.**

보기 청계천에 가는 방법

마포역에서 5호선을 타고 충청로역까지 갑니다. 충정로역에서 2호선으로 갈아탑니다. 그리고 을지로입구역에서 내립니다.

MP3_6

제6과

5분밖에 안 걸려요

- **학습 목표** 길 찾는 방법을 묻고 대답할 수 있다.
- **어휘** 횡단보도, 건너다, 쭉, 더, 왼쪽
  길 관련 어휘
- **문법** -으면, 밖에
- **과제** 길 찾는 이야기 듣고 쓰기
  약속 장소를 찾아가는 경험담을 읽기
  길을 설명하고 쓰기

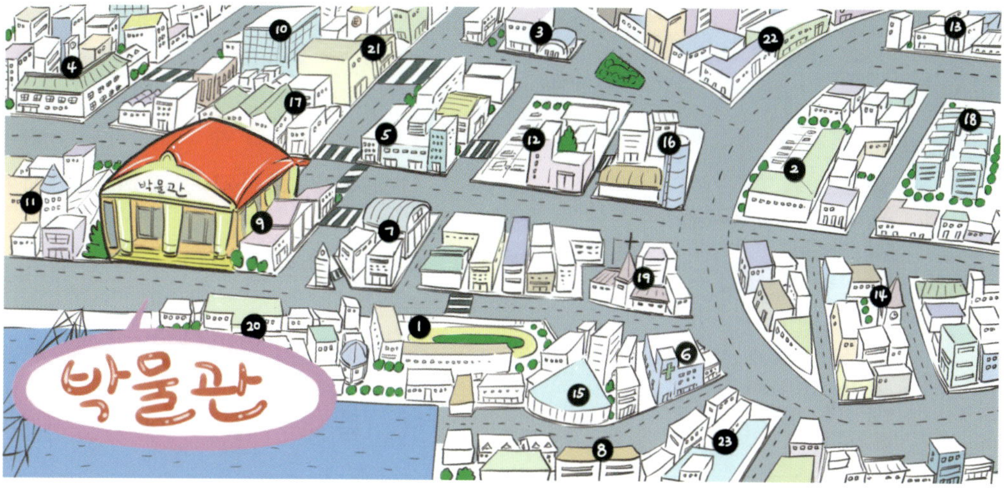

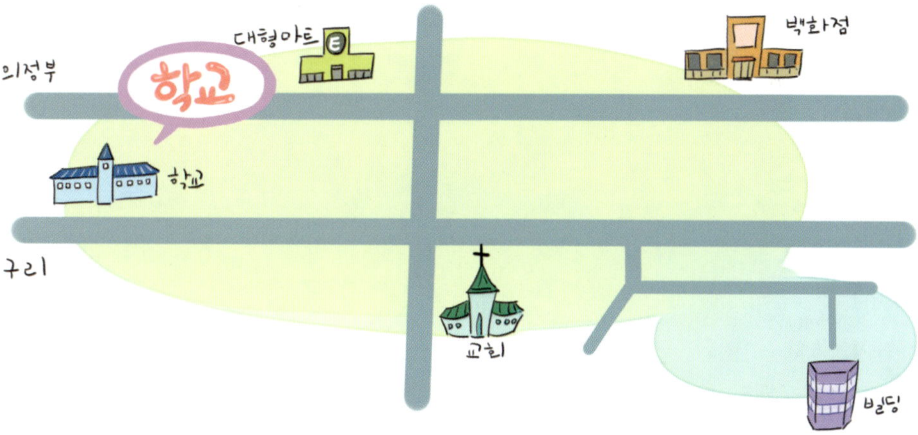

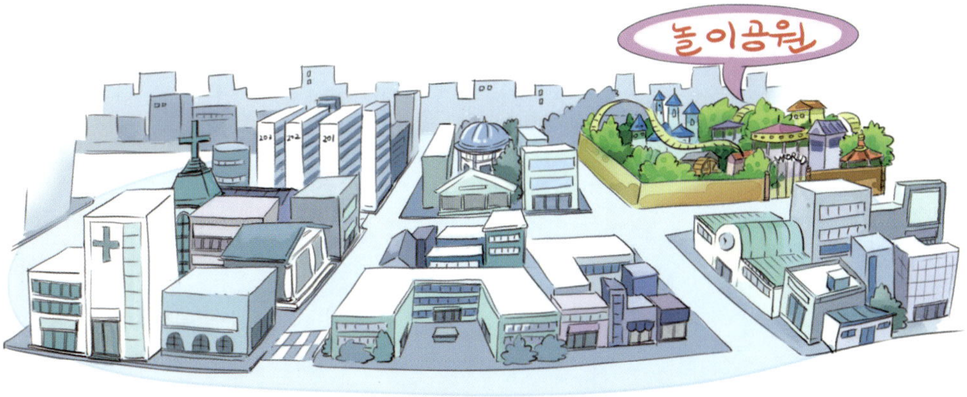

1 여러분은 언제 약도가 필요합니까?

2 여러분은 약도를 보고 길을 찾아간 적이 있습니까?

횡단보도

EN pedestrian crosswalk
JP 横断歩道
CH 人行横道

건너다

EN to cross over
JP 渡る
CH 通过

쭉

EN straight
JP まっすぐ
CH 一直

더

EN more
JP もっと
CH 更多、再

왼쪽

EN left side
JP 左側
CH 左边

MP3

슈테판	실례지만, 대학로 극장까지 어떻게 가요?
아주머니	저 횡단보도를 건너서 쭉 가세요.
슈테판	길을 건너서 얼마나 더 가요?
아주머니	50m쯤 더 가면 왼쪽에 극장이 있어요.
슈테판	여기에서 몇 분쯤 걸려요?
아주머니	5분밖에 안 걸려요

극장이 [극짱이]
몇 분쯤 [면 뿐쯤]

어휘

사거리
EN intersection
JP 交差点
CH 十字路口

왼쪽
EN left side
JP 左側
CH 左边

오른쪽
EN right side
JP 右側
CH 右边

똑바로
EN straight ahead
JP 真っ直ぐ
CH 直走

육교
EN overpass
JP 歩道橋
CH 天桥

지하도
EN underpass
JP 地下道
CH 地下通道

횡단보도
EN crosswalk
JP 横断歩道
CH 人行横道

빈 칸에 알맞은 말을 보기 와 같이 쓰십시오.

학교 앞에 있는 보기 횡단보도를을/를 건너세요. 앞에 우체국이 있어요. 우체국에서 똑바로 5분쯤 가세요. 첫 번째 1) ____________ 에 횡단보도가 있어요. 그 횡단보도를 건너세요. 앞에 약국이 있어요. 약국에서 똑바로 가세요. 2) ____________ 이/가 있어요. 그 육교를 건너서 3) ____________ 으로/로 가세요. 병원이 있어요. 병원 앞 사거리에서 왼쪽으로 100m쯤 가면 4) ____________ 이/가 있어요. 1번 출구로 들어가서 2번 출구로 나오세요. 바로 앞에 커피숍이 있어요.

문법

1 -으면/면

- 많이 아프면 병원에 가세요.
- 이것이 싫으면 다른 것으로 바꾸세요.
- 주말에 날씨가 좋으면 설악산에 갑시다.
- 대학교를 졸업하면 취직할 거예요.

다음과 같은 상황에서 무엇을 합니까? 그림을 보고 보기 와 같이 이야기하십시오.

보기

보기
시간이 있으면 영화를 봐요.

1) 

2) 

3) 

4) 

5) 

2 밖에

- 아침에 커피밖에 안 마셔요.
- 지갑에 1000원밖에 없어요.
- 손님이 두 명밖에 안 왔어요.
- 음식을 조금밖에 준비하지 않았어요.

슈테판 씨의 하루입니다. 그림을 보고 보기 와 같이 이야기하십시오.

보기

1)

2)

3)

4)

5)

보기

슈테판 씨는 늦게 일어났습니다.
그래서 출근 준비할 시간이 10분밖에 없었습니다.

1) ______________________________

2) ______________________________

3) ______________________________

4) ______________________________

5) ______________________________

과제 1 듣고 쓰기

듣고 질문에 대답하십시오.

MP3 01

1) 야구장은 어디에 있습니까? (   )

❶ 가
❷ 나
❸ 다
❹ 라

2) 여기에서 야구장까지 얼마나 걸립니까? 쓰십시오.

____

MP3 02

1) 아래 그림의 빈칸에 가게 이름을 쓰십시오.

(1) ____________

(2) ____________

(3) ____________

2) 이야기의 내용과 같으면 O, 다르면 X표 하십시오.

❶ 이 사람은 빵집에서 우유를 삽니다. (   )
❷ 이 사람은 버스로 학교에 갑니다. (   )
❸ 이 사람은 세탁소에 자주 갑니다. (   )

야구장 EN baseball field JP 野球場 CH 棒球场
세탁비 EN cost for cleaning JP クリーニング代 CH 洗衣费
세탁소 EN laundry JP クリーニング屋 CH 洗衣店

03 여러분의 집 근처에 무엇이 있습니까? 앞의 그림과 같이 약도를 그리고 쓰십시오.

과제 2 읽기

> 읽고 질문에 대답하십시오.

유리 씨는 어제 친구 리핑 씨 집에 갔습니다. 지하철을 탔습니다. 그리고 삼성역에서 내렸습니다. 2번 출구로 나와서 똑바로 갔습니다. 거기에 백화점이 있었습니다. 유리 씨는 백화점에서 빵과 치즈를 샀습니다. 리핑 씨 집은 백화점 옆에 있는 오피스텔 10층에 있었습니다. 유리 씨는 리핑 씨 집에서 샌드위치를 만들었습니다. 두 사람은 샌드위치를 먹고 영화관에 갔습니다. 영화관은 백화점 8층에 있었습니다. 영화를 보고 백화점 건너편에 있는 커피숍에서 커피를 마셨습니다.

01

1) 유리 씨는 오늘 어디에 갔습니까? 순서대로 쓰십시오.

❶ ________ → ❷ ________ → ❸ ________ → ❹ ________

2) 이야기의 내용과 같으면 O, 다르면 X표 하십시오.

❶ 리핑 씨는 8층에 삽니다. (　　)
❷ 리핑 씨가 샌드위치를 만들었습니다. (　　)
❸ 두 사람은 백화점 커피숍에서 커피를 마셨습니다. (　　)

3) 리핑 씨 오피스텔은 어디에 있습니까? (　　)

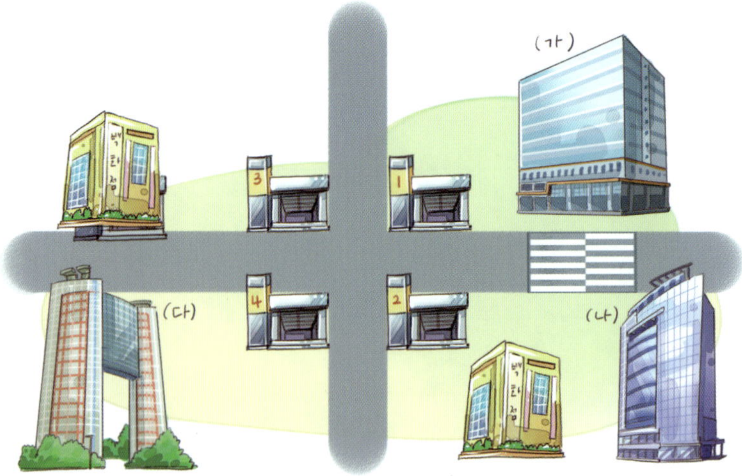

오피스텔 EN officetel JP オフィステル CH 商住两用楼
샌드위치 EN sandwich JP サンドイッチ CH 三明治
건너편 EN opposite side JP 向こう側 CH 对面

과제 3 말하고 쓰기

01 그림을 보고 보기 와 같이 이야기하십시오.

보기 화장품 가게 → 대학교

가: 이 근처에 대학교가 있습니까?

나: 네, 있습니다.

가: 거기까지 어떻게 갑니까?

나: 화장품 가게 앞에 있는 횡단보도를 건너서 왼쪽으로 가면 큰 회사가 있어요. 그곳에서 오른쪽으로 5분쯤 가면 대학교가 있어요.

1) 한식집 → 극장
2) 은행 → CD 가게
3) 버스정류장 → 우체국
4) 옷가게 → 교회
5) 편의점 → 서점

02 학교에서 여러분의 집까지 어떻게 갑니까? 보기 와 같이 쓰십시오.

보기 저는 학교 근처에 삽니다. 우리 집은 학교 동문 쪽에 있습니다. 동문에서 오른쪽 길로 가십시오. 꽃집을 지나서 조금 더 가면 왼쪽에 파란색 집이 있습니다. 그 집이 우리 집입니다.

동문 EN east gate JP 東門 CH 东门

MP3_7

제 7 과

오후에 뭘 할 거예요?

- **학습 목표** 계획을 말할 수 있다.
- **어휘** 신나다, 놀다, 별로
  휴일 관련 어휘
- **문법** -게, -을 거예요[1]
- **과제** 계획 이야기 듣고 말하기
  계획 이야기를 읽고 쓰기
  여행 계획 말하기

10월 5일

1:00		13:00	
2:00		14:00	
3:00		15:00	
4:00		16:00	
5:00		17:00	
6:00		18:00	
7:00		19:00	
8:00		20:00	
9:00		21:00	
10:00		22:00	
11:00		23:00	
12:00		24:00	

10 월

10/6 일	7 월	8 화	9 수	10 목	11 금	12 토

10월

일	월	화	수	목	금	토
		1	2	3	4	5
6	7	8	9	10	11	12
13	14	15	16	17	18	19
20	21	22	23	24	25	26
27	28	29	30	31		

1 여러분은 오늘 무엇을 하겠습니까?

2 이번 주말에 어디에 가겠습니까?

MP3

신나다
EN to be excited
JP 楽しい
CH 兴奋

놀다
EN to play / to hang out with
JP 遊ぶ
CH 玩儿

별로
EN not much
JP 別に
CH 没有什么

샤오밍 어제 수업이 끝나고 뭘 했어요?

유 리 수업이 끝나고 친구들과 신나게 놀았어요.

샤오밍 저는 피곤해서 일찍 잤어요.

유 리 오늘은 오후에 뭘 할 거예요?

샤오밍 쇼핑할 거예요. 유리 씨도 같이 가시겠어요?

유 리 좋아요. 오후에 할 일이 별로 없으니까 같이 가요.

끝나고 [끈나고]
할 일이 [할 리리]

어휘

주말
- EN weekend
- JP 週末
- CH 周末

방학
- EN school vacation
- JP 学校の休暇(夏休み、冬休み)
- CH 放假

휴가
- EN vacation
- JP 休暇
- CH 休假

휴일
- EN holiday
- JP 休日
- CH 假日

공휴일
- EN national holiday
- JP 公休日/祝日
- CH 公休日

연휴
- EN holidays in a row
- JP 連休
- CH 连休

관계있는 것을 연결하십시오.

보기 토요일, 일요일입니다.	• ─	• 공휴일
1) 하루만 쉬지 않고 2~3일 동안 쉽니다.	•	• 방학
2) 사람들이 모두 쉽니다. 달력에 빨간색 날입니다.	•	• 연휴
3) 회사원들은 보통 7~8월에 3~4일쯤 쉽니다. 회사에 가지 않습니다. 이 때 여행을 많이 갑니다.	•	• 주말
4) 대학생들은 보통 7~8월, 1~2월에 수업이 없습니다.	•	• 휴가

(보기: 토요일, 일요일입니다. → 주말)

문법

1 -게

- 좀 크게 말씀해 주세요.
- 더워서 머리를 짧게 잘랐어요.
- 어제 친구들과 재미있게 놀았어요.
- 어디에 가면 옷을 싸게 살 수 있어요?

파티에서 친구들이 무엇을 합니까? 아래의 단어를 써서 보기 와 같이 문장을 만드십시오.

크다 예쁘다 신나다 즐겁다 맛있다 재미있다 깨끗하다

보기 유리 씨는 옷을 예쁘게 입었어요. 지금 포도주를 마시고 있어요.

1) 슈테판 씨는 ______________________

2) 리핑 씨는 ______________________

3) 샤오밍 씨는 ______________________

4) 엘리 씨와 셀리 씨는 ______________________

5) 영주 씨는 ______________________

2 -을/ㄹ 거예요[1]

- 휴일에 뭘 할 거예요?
- 오늘은 피곤해서 일찍 잘 거예요.
- 오후에 집에서 책을 읽을 거예요.
- 수업이 끝나고 친구를 만나러 갈 거예요.

다음은 여러분의 오늘 계획표입니다. 그림을 보고 보기 와 같이 문장을 만드십시오.

보기	오후 1:00 	1)	오후 1:00~ 2:00 	2)	오후 2:00~ 4:00 
3)	오후 4:00~ 6:00 	4)	오후 6:00 	5)	오후 6:30~7:30 

보기 수업이 끝나면 친구를 만날 거예요.

1) ______________________________

2) ______________________________

3) ______________________________

4) ______________________________

5) ______________________________

과제 1 듣고 말하기

듣고 질문에 대답하십시오.

MP3 01

1) 유리 씨는 오늘 무엇을 하겠습니까? (　　)

❶ 놀겠습니다.　　❷ 집에서 쉬겠습니다.
❸ 자전거를 타겠습니다.　　❹ 친구를 만나겠습니다.

2) 들은 내용과 같은 것을 고르십시오. (　　)

❶ 영주 씨는 어제 시험을 봤습니다.
❷ 두 사람은 내일 만날 약속을 했습니다.
❸ 영주 씨는 오늘 오후에 계획이 없습니다.
❹ 어제 두 사람은 같이 재미있게 놀았습니다.

MP3 02

1) 두 사람은 무슨 이야기를 하고 있습니까? (　　)

❶ 여행 계획　　❷ 호텔 소개　　❸ 식당 예약　　❹ 휴가 계획

2) 영주 씨는 무엇을 하지 못했습니까? (　　)

❶ 호텔 예약　　❷ 부산 구경　　❸ 여행 계획　　❹ 기차표 예약

3) 들은 내용과 같으면 O, 다르면 X 하십시오.

❶ 유리 씨는 호텔을 예약하겠습니다. (　　)
❷ 두 사람은 같이 여행을 가겠습니다. (　　)
❸ 영주 씨는 방학을 하면 부산에 가겠습니다. (　　)

03

여러분은 방학(휴가) 때 무슨 계획이 있습니까? 친구와 이야기하십시오.

방학(휴가)이 언제예요?	
어디에 갈 거예요?	
뭘 할 거예요?	

때 EN time JP とき CH 时候
계획 EN plan JP 計画 CH 计划
소개 EN introduction JP 紹介 CH 介绍
부산 EN Busan JP 釜山 CH 釜山(地名)
예약하다 EN to make a reservation JP 予約する CH 预约

과제 2 읽고 쓰기

읽고 질문에 대답하십시오.

방학을 했어요. 그래서 저는 이번 일요일에 한국에 갈 거예요. 한국 친구 영주 씨가 공항에 올 거예요. 그러면 같이 영주 씨 집에 가서 영주 씨 가족들을 만날 거예요.

월요일에는 영주 씨하고 속초에 갈 거예요. 거기에서 바다도 구경하고 회도 먹으려고 해요. 화요일에는 설악산에 가서 등산할 거예요. 수요일에는 영주 씨 집으로 돌아가서 좀 쉴 거예요. 목요일부터 토요일까지는 서울을 구경할 거예요. 경복궁, 창덕궁, 명동, 동대문 시장 등 가고 싶은 곳이 아주 많아요. 시간이 있으면 공연도 보고 찜질방에도 가려고 해요.

그리고 일요일에는 비행기를 타고 집으로 돌아올 거예요. 이번 여행이 정말 재미있을 것 같아요.

01

1) 무슨 계획을 말하고 있습니까? (　　)

❶ 휴가　　❷ 방학　　❸ 공부　　❹ 등산

2) 이 사람은 어디에 가겠습니까?

이번 일요일	인천공항 → 친구 집
월요일	❶ (　　　　　)
화요일	❷ (　　　　　)
수요일	친구 집
목요일~토요일	❸ (　　　　　), 창덕궁, ❹ (　　　　　), 동대문 시장, 공연장, 찜질방 등
다음 일요일	우리 집

속초 EN Sokcho JP 束草 CH 束草(地名)
설악산 EN Seorak Mountain JP 雪岳山 CH 雪岳山
창덕궁 EN Changdeok Palace JP 昌徳宮 CH 昌德宫
보내다 EN to send JP 過ごす CH 度过
회 EN raw fish JP 刺身 CH 生鱼片
경복궁 EN Gyeongbok Palace JP 景福宮 CH 景福宫
등 EN etc. JP など CH 等

3) 내용과 같으면 O, 다르면 X 하십시오.

❶ 이 사람은 친구와 같이 휴가를 보내겠습니다. (　　)

❷ 이 사람은 한국에 가서 산과 바다를 구경하겠습니다. (　　)

02

보기 와 같이 일주일 계획을 쓰십시오.

	월요일	화요일	수요일	목요일	금요일	토요일	일요일
보기	공부	공부	공부, 친구와 식사	영화	산책, 책 읽기	서울 구경	쇼핑
나							

보기 이번 주 목요일에 시험이 있어요. 그래서 저는 월요일부터 수요일까지 열심히 공부할 거예요. 도서관에서도 공부하고 커피숍에서도 공부할 거예요. 수요일에는 친구를 만나서 같이 점심을 먹고 도서관에서 공부할 거예요. 목요일에 시험이 끝나고 친구와 같이 영화를 볼 거예요. 그리고 금요일에는 집 근처 공원에서 산책도 하고 책도 읽을 거예요. 주말에는 한국 친구와 즐겁게 서울 구경도 하고 쇼핑도 하려고 해요.

과제 3 말하기

01 다음 표를 보고 여행 계획을 만드십시오. 그리고 친구와 여행 계획을 이야기하십시오.

질문	보기	내 계획
언제 가겠습니까? (주말, 휴가, 방학 ……)	휴가	
어디에 가겠습니까? (산, 바다, 섬 ……)	설악산	
무엇을 타고 가겠습니까? (고속버스, 기차, 비행기 ……)	고속버스	
며칠 동안 여행하겠습니까?	3일	
뭘 먹겠습니까?	회	
뭘 하겠습니까?	등산, 구경	

보기

가: 언제 여행을 갈 거예요?

나: 이번 휴가 때 여행을 갈 거예요.

가: 어디로 갈 거예요?

나: 설악산으로 갈 거예요.

가: 무엇을 타고 갈 거예요?

나: 고속버스로 갈 거예요.

가: ……

나: ……

섬 EN island JP 島 CH 岛

MP3_8

제8과

비빔밥을 드셔 보세요

- **학습 목표** 음식을 권할 수 있다.
- **어휘** 메뉴판, 고르다, 고추장, 넣다
  음식 재료 관련 어휘
- **문법** 르 동사, -어 보다[1]
- **과제** 음식을 권하는 대화를 듣고 말하기
  식당 음식에 대한 이야기를 읽고 음식 권하기
  좋아하는 음식 쓰고 소개하기

1. 무슨 음식을 좋아합니까?
2. 어디에서 점심을 자주 먹습니까?

MP3

유 리	메뉴판에 음식이 너무 많아서 고르기가 힘들어요.
영 주	유리 씨는 어떤 음식을 좋아하세요?
유 리	저는 채소로 만든 음식을 좋아해요.
영 주	그럼 비빔밥을 드셔 보세요.
유 리	맛이 어때요? 맵지 않아요?
영 주	고추장을 조금만 넣으면 안 매워요.

메뉴판
EN menu
JP メニュー(献立)
CH 菜单

고르다
EN to choose
JP 選ぶ
CH 选择

고추장
EN red pepper paste
JP コチュジャン(唐辛子味噌)
CH 辣椒酱

넣다
EN to put in
JP 入れる
CH 放入

비빔밥을 [비빔빠블]
맵지 [맵찌]

어휘

채소
EN vegetable
JP 野菜
CH 蔬菜

과일
EN fruit
JP 果物
CH 水果

고기
EN meat
JP 肉
CH 肉

생선
EN fish
JP 魚
CH 鲜鱼

해산물
EN seafood
JP 海産物
CH 海鲜

빈 칸에 알맞은 말을 쓰십시오.

저는 친구들을 집에 초대했습니다. 그래서 친구들이 집에 오기 전에 시장에 갔습니다. 저는 보기 고기보다 1)____________ 을/를 좋아합니다. 그래서 생선회를 샀습니다. 그리고 해물탕을 만들고 싶어서 여러 가지 2)____________ 과/와 채소를 샀습니다.

집에 와서 해물탕과 샐러드를 만들었습니다. 친구들은 제가 만든 요리를 좋아했습니다. 우리는 저녁을 먹고 후식으로 3)____________ 도 먹었습니다.

문법

1 르 동사

- 저는 한국 노래를 자주 불러요.
- 한국말을 몰라서 영어로 말했어요.
- 출근 시간에는 버스보다 지하철이 빨라요.
- 학교 근처에 있는 미용실에서 머리를 잘랐어요.

유치원 아이들이 무엇을 합니까? 그림을 보고 아래의 단어를 써서 보기 와 같이 문장을 만드십시오.

보기
아이가 노래를 불러요.

고르다	다르다
모르다	바르다
부르다	자르다

1) 아이가 신은 신발이 ______

2) ______

3) ______

4) ______

5) ______

바르다 EN to apply/to paint/to spread JP 張る/塗る CH 涂
부르다 EN to sing JP 歌う CH 唱
자르다 EN to cut JP 切る CH 剪断

2 -어/아/여 보다[1]

- 세계 여행을 해 보고 싶어요.
- 제가 만든 음식을 드셔 보세요.
- 옷이 참 예쁜데 입어 볼 수 있어요?
- 이 책이 재미있으니까 한번 읽어 보세요.

마리아 씨가 한국말을 잘 하고 싶어합니다. 마리아 씨에게 보기 와 같이 이야기하십시오.

보기 한국 사람들과 많이 이야기해 보세요.

1) ______________________

2) ______________________

3) ______________________

4) ______________________

5) ______________________

과제 1 듣고 말하기

듣고 질문에 대답하십시오.

MP3 01

1) 두 사람은 무슨 음식을 먹겠습니까?

❶ 해물탕
❷ 비빔밥
❸ 삼겹살
❹ 불고기

2) 여자는 왜 음식을 고르기가 어렵습니까? (　　)

❶ 한국말을 모릅니다.
❷ 음식 종류가 많습니다.
❸ 고기를 먹지 못합니다.
❹ 좋아하는 음식이 없습니다.

MP3 02

1) 두 사람은 왜 냉면을 한 그릇 시켜서 같이 먹습니까? (　　)

❶ 배가 부릅니다.
❷ 냉면이 시원합니다.
❸ 먹은 적이 없습니다.
❹ 고기를 다 먹었습니다.

2) 들은 내용과 같으면 O, 다르면 X 하십시오.

❶ 삼겹살이 아주 맛있습니다. (　　)
❷ 남자만 냉면을 먹겠습니다. (　　)
❸ 냉면을 먹고 고기를 시켰습니다. (　　)

냄새 EN smell JP 匂い CH 气味
부르다 EN to be full JP (お腹が) いっぱいだ CH 饱
시키다 EN to order JP 注文する CH 点(菜)
시원하다 EN to be cool / to be refreshing JP さっぱりする CH 凉快

03 보기 와 같이 친구들과 이야기하십시오.

	보기	________	________
자주 먹는 한국 음식	된장찌개		
어디	집 근처 식당		
값	5,000원		
먹고 싶은 음식	닭갈비		

보기

가: 자주 먹는 한국음식이 뭐예요?
나: 된장찌개예요.
가: 어디에서 자주 먹어요?
나: 집 근처 식당에서 자주 먹어요.
가: 값은 얼마예요?
나: 5,000원이에요.
가: 마이클 씨는 먹어 보고 싶은 한국 음식이 있어요?
나: 네, 닭갈비를 먹어 보고 싶어요.
가: 학교 근처에 닭갈비 식당이 있어요. 같이 먹으러 갈까요?
나: 네, 좋아요. 같이 가요.

과제 2 읽고 말하기

읽고 질문에 대답하십시오.

메 뉴

 불고기 12,000원(1인분)	 삼겹살 10,000원(1인분)	 갈비찜 36,000원(2인분)
 물냉면/비빔냉면 6,000원	 된장찌개 5,000원	 비빔밥 6,000원

★우리 식당에서는 국내산 소고기, 국내산 돼지고기, 국내산 김치를 씁니다.

01

1) 무슨 식당 메뉴입니까? (　　)

❶ 한식집　❷ 일식집　❸ 중국집　❹ 양식집

2) 내용과 같으면 O, 다르면 X 하십시오.

❶ 김치는 한국에서 만들었습니다.　(　　)

❶ 갈비찜은 1인분에 36,000원입니다.　(　　)

3) 어느 음식이 맵지 않습니까? 모두 쓰십시오.

____

갈비찜 EN steamed ribs JP カルビ蒸し CH 炖排骨
소고기 EN beef JP 牛肉 CH 牛肉
국내산 EN goods made in Korea JP 国内産 CH 国产
돼지고기 EN pork JP 豚肉 CH 猪肉

읽고 질문에 대답하십시오.

오늘은 슈테판 씨가 자주 가는 한식집에 갔어요. 그 식당 메뉴판에는 사진이 있어서 음식을 고르기가 아주 쉬웠어요. 저는 갈비찜을 먹어 본 적이 없어서 갈비찜을 시켰어요. 그리고 슈테판 씨는 된장찌개를 시켰어요.

조금 후에 갈비찜이 나왔어요. 그런데 갈비찜이 좀 많아서 우리는 놀랐어요.

"갈비찜이 많아요!"

"갈비찜은 2인분이니까요."

아주머니가 말씀하셨어요. 우리는 메뉴에 있는 음식 사진과 값만 보고 '2인분'을 보지 못했어요.

하지만 음식이 맛있어서 슈테판 씨와 저는 3인분을 모두 먹었어요! 슈테판 씨와 저는 깨끗한 그릇을 보고 웃었어요.

02

1) 이 사람은 왜 음식을 고르기가 쉬웠습니까? (　　)

❶ 한국말을 잘 해서 ❷ 메뉴에 영어가 있어서

❸ 메뉴에 음식 사진이 있어서 ❹ 슈테판 씨가 자주 가는 식당이어서

2) 두 사람은 무슨 음식을 시켰습니까?

____

3) 위 글의 내용과 같은 것을 고르십시오. (　　)

❶ 이 사람은 메뉴를 잘 봤습니다.

❷ 갈비찜이 생각보다 적었습니다.

❸ 두 사람은 3인분을 먹었습니다.

❹ 슈테판 씨는 갈비찜을 먹고 싶어했습니다.

후 EN after JP 後 CH 后
놀라다 EN to be surprised JP 驚く CH 吃惊
웃다 EN to laugh JP 笑う CH 笑

03

1) 메뉴를 보고 보기 와 같이 친구와 이야기하십시오.

- **식당**

메 뉴

 불고기 12,000원(1인분)	 삼겹살 10,000원(1인분)	 갈비찜 36,000원(2인분)
 물냉면/비빔냉면 6,000원	 된장찌개 5,000원	 비빔밥 6,000원

★ 우리 식당에서는 국내산 소고기, 국내산 돼지고기, 국내산 김치를 씁니다.

보기 **한식집**

유 리: 뭘 시킬까요?

슈테판: 유리 씨는 삼겹살을 먹은 적이 있어요?

유 리: 아니요, 먹은 적이 없어요. 맛이 어때요?

슈테판: 아주 맛있어요. 한번 드셔 보세요.

유 리: 그럼 삼겹살 2인분을 시킬까요?

슈테판: 네, 좋아요.

- **커피숍**

메 뉴

 커피 4,000원	 녹차 5,000원	 아이스크림 6,000원
 콜라 4,000원	 주스 6,000원	 팥빙수 8,000원

2) 좋아하는 고향 음식으로 메뉴를 만들고 친구들과 이야기하십시오.

메 뉴

과제 3 쓰기

01

보기 와 같이 좋아하는 음식을 쓰고 소개하십시오.

음식 이름	보기 김치	________
무엇으로 만듭니까?	배추	
만들 수 있습니까?	혼자 만들 수 없습니다.	
맛이 어떻습니까?	고추가 들어가서 좀 맵습니다.	

보기 김치

저는 한국 음식 중에서 김치를 제일 좋아합니다. 김치는 보통 배추로 만듭니다. 그리고 다른 채소로 만든 김치도 있습니다.

김치는 만들기가 어려워서 혼자 만들 수 없습니다. 그래서 가끔 엄마하고 같이 만듭니다.

김치는 보통 고추가 들어가서 좀 맵습니다. 하지만 고추가 들어가지 않은 김치도 있습니다.

배추 EN cabbage JP 白菜 CH 白菜

들어가다 EN to contain/to enter JP 入る CH 放入、进去

문화

• 한국의 식사 문화

한국인의 밥상에는 밥, 국 그리고 여러 가지 반찬들이 있습니다. 가끔 찌개가 상에 올라오기도 하는데 찌개는 국과는 달리 물이 적고 건더기가 많습니다.

그리고 한국 사람들은 밥을 먹을 때 젓가락과 숟가락을 사용합니다. 한국에서는 밥과 국물은 숟가락으로, 다른 음식들은 젓가락으로 먹습니다.

그리고 밥그릇이나 국그릇을 들고 마시지 않고 상 위에 놓고 숟가락으로 떠먹습니다. 한국의 젓가락은 조금 무겁고 작으며 끝이 비교적 뾰족합니다.

MP3_9

제9과

떡볶이를 먹은 후에 팥빙수를 먹읍시다

- **학습 목표** 한국 길거리 음식 문화에 대해 말할 수 있다.
- **어휘** 급하다, 생기다, 생각
  길거리 음식 관련 어휘
- **문법** -겠-, -은 후에
- **과제** 길거리 음식에 대한 대화 듣기
  길거리 음식에 대한 이야기를 읽고 말하기
  자기 나라의 길거리 음식에 대해 말하고 쓰기

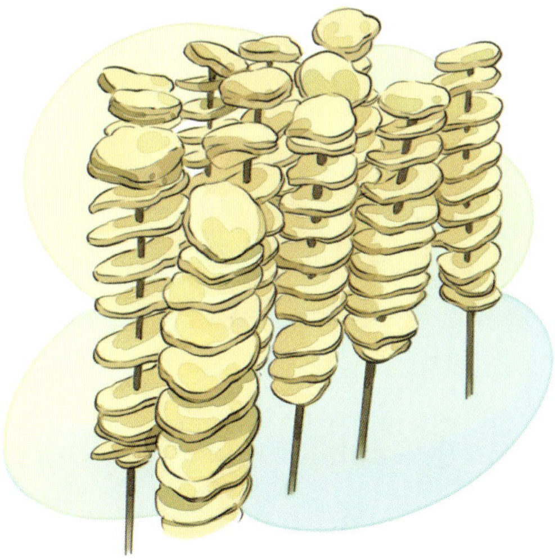

1 여러분은 길에서 파는 음식을 먹은 적이 있습니까?

2 여러분 나라에서는 길에서 무슨 음식을 팝니까?

MP3

급하다
EN to be urgent
JP 急だ
CH 紧急

생기다
EN to come into being
JP できる
CH 发生

생각
EN thought/idea
JP 考え
CH 想法

영 주　급한 일이 생겨서 점심을 못 먹었어요.

유 리　정말 배가 고프겠어요.

영 주　저기에서 같이 떡볶이를 먹을까요?

유 리　저는 시원한 팥빙수도 먹고 싶어요.

영 주　그럼 떡볶이를 먹은 후에 팥빙수를 먹읍시다.

유 리　좋은 생각이에요. 빨리 가요.

없어서　[업써서]
떡볶이를　[떡뽀끼를]

어휘

김밥
EN kimbab
JP 海苔巻き
CH 紫菜包饭

튀김
EN fried food
JP 天ぷら
CH 油炸食品

닭꼬치
EN chicken on a skewer
JP 焼き鳥
CH 鸡肉串

붕어빵
EN fish-shaped bread
JP タイ焼き
CH 鲫鱼形饼

계란빵
EN egg bread
JP タマゴパン
CH 鸡蛋糕

호떡
EN stuffed pancake
JP ホットク
CH 糖馅饼

무슨 음식을 만드는 것 같아요? 그림을 보고 보기 와 같이 쓰십시오.

	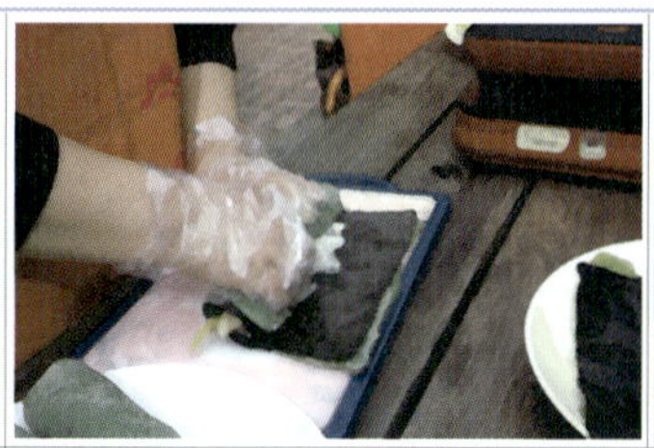	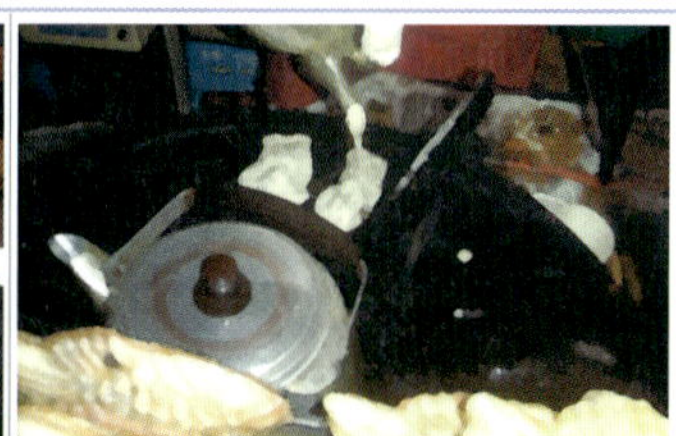
보기 계란빵	1)	2)

3)	4)	5)

문법

1 -겠-

- 유리 씨, 방학이어서 한가하겠어요.
- 영주 씨가 요즘 회사 일이 많아서 피곤하겠어요.
- 마이클 씨, 부모님이 한국에 오셔서 기쁘시겠어요.
- 슈테판 씨, 어제 생일 선물을 많이 받아서 기분이 좋았겠어요.

마이클 씨의 가족 이야기입니다. 읽고 보기 와 같이 쓰십시오.

우리 가족입니다. 할아버지, 할머니, 아버지, 어머니, 형과 누나 그리고 저입니다. 우리 집 근처에는 공원이 있습니다. 할아버지, 할머니는 아침에 공원에서 운동도 하고 산책도 합니다. 어머니는 요리하기를 좋아하십니다. 아버지는 어머니가 만든 요리를 잘 드십니다. 누나는 노래 부르기를 좋아하고 춤도 잘 춥니다. 누나는 집에 돌아오면 항상 노래 연습을 합니다. 우리 형은 컴퓨터를 전공합니다. 그리고 형은 운동을 좋아해서 날마다 운동을 합니다. 제 취미는 태권도입니다. 저는 8년 전부터 태권도를 배우고 있습니다.

보기
마이클 씨 어머니가 만드신 음식은 맛있겠습니다.

1) ______________________

2) ______________________

3) ______________________

4) ______________________

5) ______________________

2 -은/ㄴ 후에

- 점심을 먹은 후에 커피를 마십니다.
- 책을 다 읽은 후에 청소를 합시다.
- 숙제를 다 한 후에 친구들과 놀았어요.
- 수업이 끝난 후에 무엇을 하겠어요?

유리 씨가 지난 토요일에 한 일입니다. 보기 와 같이 쓰십시오.

시간	한 일
8:00	일어났습니다.
8:00-8:30	세수를 했습니다.
8:30-9:00	1) 아침을 먹었습니다.
9:00-11:00	2) 숙제를 했습니다.
11:00-11:30	친구를 만나러 커피숍에 갔습니다.
11:30-12:30	3) 커피숍에서 커피를 마셨습니다.
12:30-14:30	4) 친구와 영화를 봤습니다.
14:30-15:30	5) 친구와 점심을 먹었습니다.
15:30-16:00	집에 돌아왔습니다.

보기 유리 씨는 지난 토요일에 아침 8시에 일어났습니다. 세수를 한 후에 아침을 먹었습니다.

1) ______________________________

2) ______________________________

3) ______________________________

4) ______________________________

5) ______________________________

과제 1 듣기

듣고 질문에 대답하십시오.

MP3 01

1) 두 사람은 어디에서 저녁을 먹겠습니까? (   )

❶ 영주 씨 집
❷ 유리 씨 집
❸ 중국집
❹ 떡볶이 집

2) 들은 내용과 같은 문장을 모두 고르십시오. (,   )

❶ 영주 씨는 짜장면을 싫어합니다.
❷ 이 근처에 맛있는 떡볶이 집이 있습니다.
❸ 영주 씨와 유리 씨는 지금 배가 고픕니다.
❹ 유리 씨는 오늘 점심을 먹지 않았습니다.

MP3 02

1) 두 사람이 시킨 음식을 모두 고르십시오. (,   )

❶ 김밥
❷ 호떡
❸ 튀김
❹ 떡볶이

2) 들은 내용과 같으면 O, 다르면 X 하십시오.

❶ 두 사람은 떡볶이 2인분을 먹겠습니다. (   )
❷ 두 사람이 시킨 튀김 값은 모두 2,000원입니다. (   )

짜장면 EN jajangmyeon JP ジャージャー麺 CH 炸酱面

과제 2 읽고 말하기

읽고 질문에 대답하십시오.

남대문 시장에서 여러 가지 길거리 음식들을 먹을 수 있어요. 시장 입구에서는 꿀 호떡을 팔아요. 호떡에 설탕을 많이 넣어서 꿀 호떡이에요. 겨울에 먹으면 더 맛있어요. 남대문 시장에 온 외국인들도 이 호떡을 좋아해요. 또 남대문 시장에는 특별한 호떡이 있어요. 보통 호떡은 설탕을 넣어서 만들어요. 하지만 이 호떡에는 여러 가지 채소를 넣어요. 맛있고 유명해서 항상 기다리는 사람들이 많아요. 그리고 이곳에서 싸고 맛있는 어묵하고 떡볶이, 순대, 튀김을 먹을 수 있어요. 남대문 시장에서 쇼핑을 한 후에 맛있는 음식을 꼭 드셔 보세요.

01

1) 왜 이름이 꿀 호떡입니까?

____

2) 남대문 시장에서 먹을 수 있는 음식이 아닌 것은 무엇입니까? (   )

❶ 어묵 ❷ 꿀 호떡 ❸ 떡볶이 ❹ 짜장면

3) 내용과 같으면 O, 다르면 X 하십시오.

❶ 꿀 호떡은 겨울에 더 맛있습니다. (   )
❷ 외국인들은 꿀 호떡을 좋아하지 않습니다. (   )
❸ 남대문 시장에서 채소를 넣은 호떡을 팝니다. (   )

02

여러분은 한국에서 길거리 음식을 먹어 본 적이 있습니까? **보기** 와 같이 친구들과 이야기하십시오.

보기
가: 길거리 음식을 먹은 적이 있어요?
나: 네, 저는 떡볶이를 먹은 적이 있어요.
가: 맛이 어땠어요?
나: 조금 매웠지만 맛있었어요.
가: 어디에서 먹었어요?
나: 집 근처에서 먹었어요.
가: 그럼 오늘 배운 길거리 음식 중에서 뭘 먹고 싶어요?
나: 저는 호떡을 먹어 보고 싶어요.

길거리 EN street JP 街頭/道端 CH 街上
꿀 EN honey JP ハチミツ CH 蜂蜜
설탕 EN sugar JP 砂糖 CH 白糖
어묵 EN boiled fish sausage JP かまぼこ CH 鱼糕
입구 EN entrance JP 入り口 CH 入口
특별하다 EN to be special JP 特別だ CH 特别
항상 EN always JP いつも CH 经常
순대 EN Korean sausage JP スンデ CH 猪血肠

과제 3 말하고 쓰기

01 여러분 나라의 길거리 음식에 대해서 보기 와 같이 표를 완성하고 친구들과 이야기하십시오.

나라	보기 한국	나	______	______
음식 이름	떡볶이			
재료	떡, 고추장			
색	빨간색			
맛	맵고 달다			

보기

가: 한국의 유명한 길거리 음식은 뭐예요?
나: 떡볶이가 유명해요. 한국 사람들이 가장 좋아해요.
가: 무엇으로 만들어요?
나: 떡과 고추장으로 만들어요.
가: 고추장을 넣어서 맵겠어요.
나: 조금 맵지만 달아요. 하지만 간장으로 만든 떡볶이는 맵지 않아요.

가장 EN most JP 一番 CH 最

간장 EN soy sauce JP 醬油 CH 酱油

02 보기 와 같이 쓰십시오.

보기 한국의 유명한 길거리 음식은 떡볶이입니다. 한국 사람들이 가장 좋아하는 음식 중의 하나입니다. 떡볶이는 떡과 고추장으로 만듭니다. 고추장을 넣어서 빨간색이고 맛은 맵고 답니다. 하지만 간장으로 만든 떡볶이도 있습니다. 이 떡볶이는 맵지 않아서 아이들과 외국인들도 좋아합니다.

문화

• 서울의 맛집 골목

한국에는 같은 음식을 파는 식당들이 많이 모여 있는 맛집 골목(먹자 골목)이 있습니다. 지하철 5호선 마포역에는 갈비집이 많이 있는 마포 갈비 골목이 있습니다. 지하철 5호선 광화문 근처에는 청진동 해장국 골목이, 무교동에는 낙지 골목이 있습니다. 지하철 2호선 신당역에는 떡볶이 골목이 있고, 신림역에는 순대 골목이 있습니다. 5호선 마장동에는 고기구이 골목이 있습니다. 그리고 3호선 동대입구역에는 장충동 족발 골목이 있습니다.

MP3_10

제 10 과

저는 심심할 때 친구들과 노래방에 자주 와요

- 학습 목표 — 여가 생활을 말할 수 있다.
- 어휘 — 심심하다, 연습하다, 가요
  여가 생활 관련 어휘
- 문법 — -을 때, -으려고
- 과제 — 찜질방에 간 경험담 듣기
  한국에서 가 볼만한 장소를 소개하는 글을 읽고 쓰기
  한국에서 가 본 적이 있는 장소에 대한 경험담을 말하고 쓰기

1 여러분은 한국에서 노래방에 간 적이 있습니까?

2 여러분은 언제 노래방에 갑니까?

MP3

심심하다
EN to be bored
JP 退屈だ
CH 无聊

연습하다
EN to practice
JP 練習する
CH 练习

가요
EN popular song
JP 歌謡
CH 歌曲

슈테판　저는 심심할 때 친구들과 노래방에 자주 와요.

유　리　저도 노래를 좋아해서 자주 와요.

슈테판　아는 한국 노래가 있어요?

유　리　네, 한국어를 연습하려고 많이 불렀어요.

슈테판　어떤 노래를 좋아해요?

유　리　저는 신나는 가요가 좋아요.

불렀어요　[불러써요]
연습하려고　[연스파려고]

어휘

운동을 하다
EN to exercise
JP 運動をする
CH 做运动

게임을 하다
EN to play a game
JP ゲームをする
CH 玩儿游戏

미술관에 가다
EN to visit an art gallery
JP 美術館に行く
CH 去美术馆

텔레비전을 보다
EN to watch television
JP テレビを見る
CH 看电视

산책을 하다
EN to take a walk
JP 散歩をする
CH 散步

외국어를 배우다
EN to learn a foreign language
JP 外国語を学ぶ
CH 学外语

우리 반 학생들이 주말에 한 일입니다. 무엇을 했습니까? 보기 와 같이 쓰십시오.

보기 슈테판 씨는 친구와 같이 컴퓨터로 놀았습니다. (게임을 하다)

1) 유리 씨는 집 근처에 있는 공원에서 1시간쯤 걸었습니다. ( )

2) 마이클 씨는 친구들과 축구를 했습니다. ( )

3) 샤오밍 씨는 하루 종일 드라마를 봤습니다. ( )

4) 영주 씨는 중국 친구한테서 중국어를 배웠습니다. ( )

5) 리핑 씨는 그림을 보러 갔습니다. ( )

문법

1 -을/ㄹ 때

- 저는 공부할 때 음악을 들어요.
- 슈테판 씨는 한가할 때 무엇을 해요?
- 고향이 그리울 때 부모님께 전화를 해요.
- 교실에 들어왔을 때 누가 있었어요?

유리 씨 가방 속 물건들입니다. 언제 이것들을 씁니까? 보기 와 같이 쓰십시오.

보기 머리가 아플 때 약을 먹어요.

1) ______

2) ______

3) ______

4) ______

5) ______

2 -으려고/려고

- 선생님이 되려고 열심히 공부해요.
- 친구에게 주려고 케이크를 샀어요.
- 컴퓨터를 사려고 돈을 모으고 있습니다.
- 해외여행을 가려고 여권을 만들었어요.

슈테판 씨의 수첩입니다. 슈테판 씨가 한 일을 보고 보기 와 같이 문장을 만드십시오.

보기 돈 바꾸기(은행)

1. 비행기표 예약하기
   (여행사 전화)
2. 제주도 여행
   (아르바이트)
3. 부모님 선물 사기
   (백화점)
4. 친구들과 집에서 식사
   (피자 주문)
5. 아침 운동
   (일찍 일어나기)

보기 돈을 바꾸려고 은행에 갔어요.

1) ______________________________

2) ______________________________

3) ______________________________

4) ______________________________

5) ______________________________

과제 1 듣기

듣고 질문에 대답하십시오.

MP3 01

1) 마이클 씨는 왜 피곤합니까? (　　)

❶ 숙제가 많아서　❷ 찜질방에 가서
❸ 잠을 많이 자서　❹ 일을 많이 해서

2) 이야기의 내용과 같으면 O, 다르면 X표 하십시오.

❶ 슈테판 씨는 자주 찜질방에 갑니다. (　　)
❷ 마이클 씨는 찜질방에 가고 싶어합니다. (　　)
❸ 마이클 씨 집 근처에 좋은 찜질방이 있습니다. (　　)

MP3 02

1) 두 사람은 시간이 있을 때 무엇을 합니까? 쓰십시오.

유리 : ______________________

리핑 : ______________________

2) 이야기의 내용과 같으면 O, 다르면 X표 하십시오.

❶ 유리 씨는 그림을 좋아합니다. (　　)
❷ 리핑 씨는 한국어를 공부합니다. (　　)

목욕 EN bath JP 沐浴 CH 洗澡　　프로그램 EN program JP プログラム CH 节目

과제 2 읽고 쓰기

읽고 질문에 대답하십시오.

시간이 있을 때 롯데월드에 가 보세요. 재미있는 것이 많아요. 친구들과 같이 가면 더 신나요. 그리고 지하철역에서 가까워서 찾기도 쉬워요. 주말에는 사람이 많으니까 평일에 가세요.

롯데월드

사랑하는 사람과 같이 덕수궁에 가 보세요. 분위기도 좋고 조용해서 산책하기 좋아요. 덕수궁에는 미술관도 있어요. 시간이 있으면 그림도 구경하세요. 그리고 덕수궁 근처에는 지하철 역도 있고 버스도 많아서 아주 편리해요.

덕수궁

부모님이 한국에 오시면 한옥마을에 가 보세요. 한옥마을은 지하철역 근처에 있어서 찾기도 쉬워요. 그곳에서는 한옥도 구경하고 한식도 먹을 수 있어요. 그리고 공연도 보고 한복도 입어 볼 수 있어요.

한옥마을

01

1) 다음은 어느 곳의 이야기입니까? 관계있는 것을 서로 연결하십시오.

❶ 한복을 입을 수 있습니다. •	• 롯데월드
❷ 주말에 복잡합니다. •	
❸ 지하철역에서 멀지 않습니다. •	• 덕수궁
❹ 한국의 문화를 알 수 있습니다. •	
❺ 그림을 구경할 수 있습니다. •	• 한옥마을

롯데월드 EN Lotte World JP ロッテワールド CH 乐天世界(游乐园)
덕수궁 EN Duksu Palace JP 德寿宫 CH 德寿宫
한옥마을 EN traditional Korean village JP 韓屋村 CH 韩屋村
평일 EN weekday JP 平日 CH 平日
분위기 EN atmosphere JP 雰囲気 CH 氛围
한복 EN traditional Korean clothes JP 韓服 CH 韩服

2) 다음 장소에 누구와 가는 것이 좋습니까? 쓰십시오.

❶ 롯데월드 : ____________________

❷ 덕수궁 : ____________________

❸ 한옥마을 : ____________________

02 여러분 나라 사람들이 많이 가는 곳이 어디입니까? 쓰십시오.

과제 3 말하고 쓰기

01 한국에서 어디에 가 봤습니까? 그곳에서 무엇을 했습니까? 보기 와 같이 이야기하십시오.

	보기	______	______
어디	인사동		
뭘 했습니까?	떡을 만들었습니다. 찻집에서 차를 마셨습니다.		
어땠습니까?	조금 힘들었지만 재미있었습니다. 찻집에서 인사동 거리를 볼 수 있어서 좋았습니다.		

보기
가: 한국 어디를 구경했어요? 나: 인사동을 구경했어요.
가: 거기에서 뭘 했어요? 나: 떡을 만들었어요.
가: 떡 만들기가 어땠어요? 나: 조금 힘들었지만 재미있었어요.
가: 떡을 만든 후에 뭘 했어요? 나: ....

02 보기 와 같이 쓰십시오.

보기 저는 인사동에 간 적이 있습니다. 그곳에서 이곳저곳을 많이 구경했습니다. '쌈지길'에서는 떡을 만들어 봤습니다. 만들 때 조금 힘들었지만 재미있었습니다. 저는 찻집에 가서 한국 차도 마셨습니다. 그 찻집은 2층에 있었습니다. 그래서 인사동 길거리를 모두 볼 수 있었습니다. 인사동에 사람이 많아서 조금 복잡했지만 재미있는 일들을 할 수 있어서 즐거웠습니다.

____

____

____

____

이곳저곳 EN from place to place JP あちこち CH 四处
찻집 EN teahouse JP 喫茶店 CH 茶馆
쌈지길 EN Ssamzigil JP サムジキル CH 荷包路(地名)
복잡하다 EN to be complicated JP 複雑だ CH 复杂

MP3_11

제 11 과

내 취미는 사진 찍기야

- 학습 목표　취미에 대해서 이야기할 수 있다.
- 어휘　너, 취미, 내, 네, 응, 한가하다
  취미 활동 관련 어휘
- 문법　-어, 이야
- 과제　취미에 대한 대화 듣기
  취미 이야기 읽고 말하기
  자신의 취미에 대해서 말하고 쓰기

1 여러분의 취미가 무엇입니까?

2 여러분은 여러 가지 취미 중에서 무엇을 해 보고 싶습니까?

MP3

슈테판 영주야, 너는 취미가 뭐야?

영　주 내 취미는 사진 찍기야. 네 취미는 뭐야?

슈테판 나는 사진 찍기도 좋아하고 등산도 좋아해.

영　주 한국에서도 등산을 한 적이 있어?

슈테판 응, 서울 근처에 산이 많아서 자주 가. 내일도 갈 거야.

영　주 내일은 나도 한가하니까 같이 가.

너
EN you
JP きみ
CH 你

취미
EN hobby
JP 趣味
CH 爱好、兴趣

내
EN my
JP 私の
CH 我的

네
EN your
JP きみの
CH 你的

응
EN uh-huh
JP うん
CH 嗯

한가하다
EN to have free time
JP 暇だ
CH 空闲

찍기	[찍끼]
많아서	[마나서]

어휘

여행을 하다
EN to travel
JP 旅行をする
CH 旅游

영화를 보다
EN to watch a movie
JP 映画を見る
CH 看电影

사진을 찍다
EN to take a picture
JP 写真を撮る
CH 拍照片

그림을 그리다
EN to draw a picture
JP 絵を描く
CH 画画儿

노래를 부르다
EN to sing a song
JP 歌を歌う
CH 唱歌

책을 읽다
EN to read a book
JP 本を読む
CH 看书

음악을 듣다
EN to listen to music
JP 音楽を聴く
CH 听音乐

다음 그림과 관계있는 취미를 보기 와 같이 쓰십시오.

보기 그림을 그리다

1)

2)

3)

4)

5)

문법

1 -어/아/여

- 이 가방은 너무 비싸.
- 내일은 같이 도서관에서 공부를 해.
- 수업 시간에 떠들지 마.
- 지난 주말에 뭘 했어?

친구들의 좋은 점과 나쁜 점입니다. 그림을 보고 보기 와 같이 반말로 이야기하십시오.

보기 유리

유리야, 너는 말하기를 정말 잘해. 나도 잘하고 싶은데 가르쳐 줘. 그런데 커피를 너무 많이 마셔. 건강에 좋지 않으니까 커피를 너무 많이 마시지 마.

1) 영수

____

2) 미선

____

3) 철수

____

4) 영주

____

5) 민수

____

2 -이야/야

- 여기가 바로 우리 학교야.
- 우리 누나는 학교 선생님이야.
- 지금 몇 시야?
- 이번 주 토요일에 친구들과 여행을 갈 거야.

보기 와 같이 이야기하십시오.

보기
가: 좋아하는 사람이 누구야?
나: 내가 제일 좋아하는 사람은 우리 엄마야. 너는?
가: 내가 좋아하는 사람은 내 남자 친구야.

보기 좋아하는 사람	1) 좋아하는 색	2) 좋아하는 음식
엄마		

3) 좋아하는 과일	4) 좋아하는 가수	5) 좋아하는 운동

과제 1 듣기

듣고 질문에 대답하십시오.

MP3 01

1) 샤오밍 씨는 왜 다리가 아픕니까?

____

2) 들은 내용과 같으면 O, 다르면 X 하십시오.

❶ 샤오밍 씨는 보통 1시간쯤 운동을 합니다. ( )

❷ 영주 씨는 운동을 좋아합니다. ( )

❸ 샤오밍 씨는 내일부터 걷기 운동을 하겠습니다. ( )

MP3 02

1) 슈테판 씨와 리핑 씨의 취미는 무엇입니까?

슈테판 : ______________________________

리핑 : ______________________________

2) 들은 내용과 같은 문장을 고르십시오. ( )

❶ 리핑 씨는 부산하고 제주도에 간 적이 있습니다.

❷ 슈테판 씨는 한국에서 여행을 많이 못 했습니다.

❸ 수원은 멀지 않아서 하루에 구경할 수 있습니다.

❹ 리핑 씨는 토요일에 약속이 있어서 수원에 갈 수 없습니다.

오래 EN long time JP 長い間 / 長く CH 长久

부럽다 EN to be envious JP うらやましい CH 羡慕

줄넘기 EN jump rope JP 縄とび CH 跳绳

수원 EN Suwon JP 水原 CH 水原(地名)

과제 2 읽고 말하기

읽고 질문에 대답하십시오.

질문	답변
저는 남자 고등학생입니다. 취미로 악기를 배우고 싶어요. 기타도 배우고 싶고 드럼도 배우고 싶어요. 기타를 치는 사람을 보면 그 사람이 멋있고 드럼을 치는 사람을 보면 또 그 사람이 멋있어요. 둘 중에 하나를 배우고 싶어요. 드럼과 기타를 배우면 뭐가 좋아요? 드럼 치시는 분과 기타 치시는 분은 가르쳐 주세요.	저는 5년 동안 드럼을 배우고 있어요. 드럼을 배워 보세요. 기타보다 더 빨리 배울 수 있어요. 또 드럼을 치면 기분이 좋아요. 하지만 처음 배울 때 손이 많이 아플 수 있어요. 드럼은 음악 학원에서 배울 수 있어요. 인터넷에서 근처에 있는 학원을 찾아보세요.

01

1) 드럼을 배우면 무엇이 좋고 무엇이 나쁩니까?

좋은 점: ______________________

나쁜 점: ______________________

2) 위의 내용과 같으면 O, 다르면 X 하십시오.

❶ 드럼은 기타보다 더 빨리 배울 수 있습니다. (　　)

❷ 남자 고등학생은 드럼하고 기타를 모두 배우겠습니다. (　　)

❸ 드럼은 인터넷에서 배울 수 있습니다. (　　)

02

여러분은 배우고 싶은 것이 있습니까? 그것을 배우면 무엇이 좋을 것 같아요? 친구와 이야기하십시오.

배우고 싶은 취미	
좋은 점	
나쁜 점	

질문 EN question JP 質問 CH 提问
악기 EN musical instrument JP 楽器 CH 乐器
드럼 EN drum JP ドラム CH 鼓
답변 EN answer / reply JP 返事 CH 答复
멋있다 EN to be stylish JP すてきだ CH 帅
손 EN hand JP 手 CH 手

과제 3 말하고 쓰기

01 여러분의 취미는 무엇입니까? 보기 와 같이 이야기하십시오.

	보기	나	______	______
취미가 뭐야?	한국 드라마 보기			
언제 시작했어?	2년 전			
얼마나 자주 해?	날마다 1시간쯤			
좋은 점은 뭐야?	한국어를 빨리 배울 수 있어.			

보기

가: 취미가 뭐야?
나: 내 취미는 한국 드라마 보기야.
가: 언제부터 드라마를 봤어?
나: 2년 전부터 인터넷에서 한국 드라마를 봤어.
가: 얼마나 자주 봐?
나: 날마다 한 시간쯤 봐.
가: 좋은 점은 뭐야?
나: 한국 드라마를 보면 한국어를 빨리 배울 수 있어.

02 보기 와 같이 쓰십시오.

보기

제 취미는 한국 드라마 보기입니다. 2년 전부터 인터넷에서 한국 드라마를 봤습니다. 보통 집에서 혼자 보는데 날마다 1시간쯤 봅니다. 한국 드라마를 보면 한국어를 빨리 배울 수 있어서 좋습니다.

문화

• 한국인의 취미

한국인이 즐기는 취미는 등산이 9%로 가장 많고, 그 다음으로 독서(8.3%), 음악 감상 (7.8%), 컴퓨터 게임(5.4%)등의 순으로 나타났습니다.

등산은 40세 이상의 남성이, 독서는 30-40대 여성이, 음악 감상은 20대 여성이, 컴퓨터 게임은 10-20대 남성이 선호하는 것으로 나타났습니다.

그리고 한국인이 좋아하는 운동은 축구가 15.2%로 가장 인기가 있고 그 다음으로 등산(7.4%), 농구(6.4%), 걷기(5.8%)등의 순으로 나타났습니다.

(자료 출처:한국갤럽)

MP3_12

제 12 과

한국 차를 사고 싶은데요

- **학습 목표** 쇼핑 장소를 추천할 수 있다.
- **어휘** 차, 마트, 남대문 시장, 현금, 편하다
  쇼핑 장소 관련 어휘
- **문법** -는데요, 이나
- **과제** 쇼핑 장소 이야기 듣고 말하기
  한국의 여러 쇼핑 장소에 대한 이야기 읽기
  자기 나라의 유명한 쇼핑 장소에 대해서 말하고 쓰기

1 여러분은 어디에서 자주 쇼핑을 합니까?

2 여러분은 왜 거기에서 쇼핑을 합니까?

MP3

샤오밍 한국 차를 사고 싶은데요.

슈테판 큰 마트나 남대문 시장에 가 보세요.

샤오밍 어디가 더 싸요?

슈테판 현금으로 사면 남대문 시장이 더 싸요.

샤오밍 저는 카드로 사려고 해요.

슈테판 그럼 큰 마트가 더 편해요.

차
EN tea
JP 茶
CH 茶

마트
EN market
JP マート
CH 超市

남대문 시장
EN Namdaemun Marketplace
JP 南大門市場
CH 南大门市场

현금
EN cash
JP 現金
CH 现金

편하다
EN to be comfortable
JP 楽だ
CH 方便

싶은데요 [시픈데요]
현금으로 [현그므로]

어휘

마트
- EN market
- JP マート
- CH 超市

백화점
- EN department store
- JP デパート
- CH 百货商店

면세점
- EN duty free shop
- JP 免税店
- CH 免税店

재래시장
- EN traditional market
- JP 在来市場
- CH 传统市场

편의점
- EN convenience store
- JP コンビニ
- CH 便利店

다음은 어느 곳의 이야기입니까? 관계있는 것을 서로 연결하십시오.

보기 과자, 음료수, 껌, 빵을 살 수 있습니다.
물건을 많이 사면 집까지 가지고 옵니다. • —— • 마트

1) 도시에 많이 있습니다. 좋은 물건이 많지만 비쌉니다. •	• 백화점
2) 물건을 싸게 살 수 있습니다. 채소와 생선도 살 수 있습니다. •	• 면세점
3) 24시간 항상 물건을 살 수 있습니다. 김밥과 샌드위치도 살 수 있습니다. •	• 재래시장
4) 외국인들이 많이 갑니다. 보통 공항에 있습니다. 가방, 구두, 화장품, 옷을 살 수 있습니다. •	• 편의점
	• 마트

문법

1 -는데요, -은데요/ㄴ데요

- 가: 날씨가 맑고 좋은데요. 나: 같이 산책을 갈까요?
- 가: 주말에 여행을 가려고 하는데요. 나: 어디로 가려고 하세요?
- 가: 태권도를 배우고 싶은데요. 나: 학교 앞에 좋은 태권도장이 있어요.
- 가: 이 옷은 좀 작은데요. 나: 그럼 다른 옷으로 바꿔 드릴게요.

유리 씨가 부산에 여행을 갔습니다. 보기 와 같이 대화를 완성하십시오.

보기

1)

____

____

2)

____

____

3)

____

____

4)

____

____

5)

____

____

2 이나/나

- 저는 학교에 갈 때 버스나 지하철을 탑니다.
- 시간이 있을 때마다 친구들과 축구나 야구를 해요.
- 유리 씨는 토요일이나 일요일에 돌아올 거예요.
- 내일이나 모레 등산을 갑시다.

마이클 씨와 슈테판 씨가 여행을 가려고 합니다. 보기 와 같이 대화를 완성하십시오.

보기

슈테판: 어디로 여행을 갈까요?

마이클: 부산이나 경주로 여행을 갑시다.

슈테판: 저는 부산에 간 적이 없습니다. 그래서 부산에 가고 싶습니다.

마이클: 저도 좋습니다. 그럼 우리 부산에 갑시다.

보기 어디	1) 언제	2) 교통
부산		

3) 숙박	4) 식사	5) 선물

과제 1 듣고 말하기

듣고 질문에 대답하십시오.

MP3 01

1) 여자는 친구에게 무엇을 선물하겠습니까?

____

2) 대화를 듣고 맞으면 O, 틀리면 X 하십시오.

❶ 여자는 남자 친구에게 선물을 주려고 합니다. ( )
❷ 백화점에서는 김과 과자를 살 수 없습니다. ( )
❸ 마트에 물건 종류가 더 많습니다. ( )

MP3 02

1) 여자는 어디에서 물건을 샀습니까? ( )

❶ 마트 ❷ 시장 ❸ 백화점 ❹ 면세점

2) 여자는 왜 남대문 시장에 자주 갑니까? ( )

❶ 물건이 커서 ❷ 마트를 싫어해서
❸ 싸게 살 수 있어서 ❹ 마트가 가까워서

3) 여자는 무엇을 샀습니까? 여자의 친구는 무엇을 샀습니까?

여자 : _______________ 여자의 친구 : _______________

03

여러분은 어디에서 쇼핑을 합니까? 그곳이 어떻습니까? 이야기하십시오.

어디입니까?	
왜 그곳에 갑니까?	
무엇이 좋습니까?	

김 EN dry laver JP 海苔 CH 紫菜

인삼 EN ginseng JP 高麗人参 CH 人参

과제 2 읽기

읽고 질문에 대답하십시오.

서울에는 쇼핑할 곳이 많습니다. 옷을 사고 싶으면 동대문 시장이나 명동에 가 보세요. 동대문 시장은 저녁에 문을 열고 아침에 문을 닫습니다. 옷값이 아주 싸고 종류도 많습니다. 명동에는 옷가게도 많지만 다른 가게들도 있습니다. 화장품 가게, 액세서리 가게, 신발 가게도 있습니다. 그리고 명동 근처에는 백화점도 있습니다.

한국 기념품을 사고 싶으면 인사동이나 남대문 시장에 가 보세요. 인사동에서는 옛날 물건을 팝니다. 그래서 항상 외국 사람들이 많습니다. 남대문 시장에는 여러 가지 물건을 파는 가게들이 많습니다. 특히 안경, 아이 옷, 그릇 등을 아주 싸게 팝니다. 맛있는 음식도 싸게 먹을 수 있습니다.

01

1) 무엇을 소개합니까?

____

2) 이 글에서 말하지 않은 곳은 어디입니까? (　　)

❶ 인사동　❷ 동대문 시장　❸ 광화문　❹ 명동

3) 이야기의 내용과 같으면 O, 다르면 X표 하십시오.

❶ 동대문 시장은 아침에 문을 엽니다. (　　)
❷ 명동에서 옛날 한국 물건을 살 수 있습니다. (　　)
❸ 옷을 사고 싶으면 남대문 시장에 가는 것이 좋습니다. (　　)

기념품 EN souvenir JP 記念品 CH 纪念品
안경 EN glasses JP めがね CH 眼镜
옛날 EN ancient times JP むかし CH 很久以前

과제 3 말하고 쓰기

01 여러분 나라에서 유명한 쇼핑 장소가 어디입니까? 보기 와 같이 이야기하십시오.

	보기 유리	______	______
쇼핑 장소	서울 고속버스터미널		
파는 물건	옷도 팔고 가방과 신발도 팔아요. 꽃가게도 있어요.		
어떻습니까?	가격도 아주 싸요. 현금으로 사면 더 싸게 살 수 있어요.		

보기

유리: 영주 씨가 소개하고 싶은 쇼핑 장소는 어디예요?

영주: 서울 고속버스터미널 지하상가예요.

유리: 거기에서는 뭘 많이 팔아요?

영주: 옷도 팔고 가방과 신발도 팔아요. 꽃가게도 있어요.

유리: 그곳은 뭐가 좋아요?

영주: 물건 값이 싸요. 현금으로 사면 더 싸게 살 수 있어요.

지하상가 EN underground market JP 地下商店街 CH 地下商业街

02 보기 와 같이 쓰십시오.

보기 서울 고속버스터미널 지하상가에는 여러 가지 가게가 많습니다. 그 곳에서는 옷도 팔고 가방과 신발도 팝니다. 꽃가게도 있습니다. 꽃 값도 아주 쌉니다. 현금으로 사면 더 싸게 살 수 있습니다.

문화

• 재래시장

서울에는 재래시장이 많습니다. 그중에 남대문 시장이 가장 오래 되었습니다. 남대문 시장에는 없는 것이 없다고 할 정도로 여러 가지 물건을 팝니다. 동대문 시장에서는 주로 도매가격으로 옷을 팔아서 아주 쌉니다. 종로에 있는 광장시장은 먹거리로 유명합니다. 특히 빈대떡과 김밥이 유명합니다. 그 외에도 한약재를 파는 경동시장, 농수산물을 파는 가락시장 등도 있습니다.

MP3_13

제 13 과

지금 세일하기 때문에 값이 싸요

- 학습 목표 물건을 고르고 살 수 있다.
- 어휘 로션, 점원, 향, 어른, 어머님, 세일하다
  쇼핑 관련 어휘
- 문법 -을 거예요[2], -기 때문에
- 과제 물건 사는 이야기 듣고 말하기
  쇼핑 이야기 읽고 쓰기
  물건을 고르고 사기

1 여러분은 한국에서 물건을 산 적이 있습니까?

2 여러분은 부모님과 친구들에게 무엇을 선물하고 싶습니까?

MP3

유 리	어머니께 드릴 로션을 하나 사려고 하는데요.
점 원	이거 한번 발라 보세요.
유 리	향이 참 좋군요.
점 원	어른들이 많이 찾으세요. 어머님도 좋아하실 거예요.
유 리	얼마예요?
점 원	지금 세일하기 때문에 값이 싸요.

로션
EN lotion
JP ローション
CH 乳液

점원
EN store clerk/salesperson
JP 店員
CH 店员

향
EN scent/perfume
JP 香り
CH 香味

어른
EN adult
JP 大人
CH 长辈

어머님
EN mother (honorific)
JP お母様
CH (别人的) 母亲

세일하다
EN to have a sale
JP セールする
CH 打折

좋군요 [조쿤뇨]
값이 [갑씨]

어휘

구경하다
EN to watch / to look around
JP 見物する
CH 看、观赏

마음에 들다
EN to suit one's taste
JP 気に入る
CH 称心、看中

물건을 고르다
EN to choose a product
JP 物を選ぶ
CH 选东西

값을 깎다
EN to cut a price
JP 値切る
CH 还价

질이 좋다
EN to be of good quality
JP 質が良い
CH 质量好

질이 나쁘다
EN to be of bad quality
JP 質が悪い
CH 质量差

보기 와 같이 알맞은 단어를 쓰십시오.

보기 여러 가지 물건 중에서 그 물건이 가장 좋습니다. (마음에 들다)

1) 싸지만 오래 쓸 수 없습니다. ( )

2) 여러 가지 물건들을 봅니다. ( )

3) 이 가방은 2년 전에 샀는데 지금도 좋습니다. ( )

4) 싸게 사고 싶습니다. ( )

문법

1 -을/ㄹ 거예요[2]

- 세일 기간이어서 백화점에 사람이 많을 거예요.
- 유리 씨는 매운 음식을 좋아해서 떡볶이도 잘 먹을 거예요.
- 오늘은 일요일이니까 차가 밀리지 않을 거예요.
- 지금 방학이니까 샤오밍 씨는 고향에 갔을 거예요.

여러 가지 직업입니다. 그림을 보고 보기 와 같이 이야기하십시오.

보기

직업: 가수
노래도 잘 하고 춤도 잘 출 거예요. 잘 생겨서 인기도 많을 거예요.

1)

직업: ______________________

2)

직업: ______________________

3)

직업: ______________________

4)

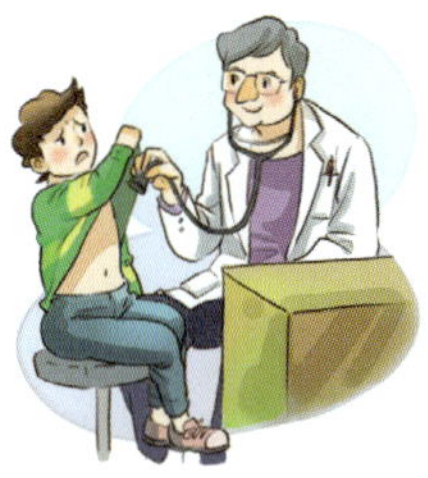

직업: ______________________

5)

직업: ______________________

2 -기 때문에

- 회사 일이 많기 때문에 요즘 너무 바빠요.
- 슈테판 씨는 친절하고 재미있기 때문에 인기가 많습니다.
- 오늘은 일요일이기 때문에 길이 막히지 않을 거예요.
- 한 시간 전에 청소를 했기 때문에 방이 깨끗합니다.

여러분은 가족이나 친구들에게 무엇을 선물하고 싶습니까? 보기 와 같이 이야기하십시오.

운동복	화장품	노트북	꽃

CD	정장	포도주	가방

보기 아버지가 운동을 좋아하시기 때문에 아버지께 운동복을 선물하고 싶어요.

1)

2)

3)

4)

5)

과제 1 듣고 말하기

듣고 질문에 대답하십시오.

MP3

01

1) 이 남자는 고향 친구에게 무엇을 선물하겠습니까?

____

2) 들은 내용과 같은 것을 고르십시오. (　　)

❶ 이 사람은 차를 세 병 사겠습니다.
❷ 남자가 산 차 값은 모두 10,000원입니다.
❸ 차는 맛은 좋았지만 향은 좋지 않았습니다.
❹ 남자가 마신 차는 감기에 걸렸을 때 마시면 좋습니다.

MP3

02

1) 빈칸에 들어갈 단어들을 고르십시오. (　　)

> 슈테판 씨는 가족들에게 __㉠__ 하고 __㉡__ 을/를 선물하겠습니다.
> 리핑 씨는 친구들에게 __㉢__ 을/를 선물하겠습니다.

❶ ㉠ 인삼　㉡ 김　㉢ 드라마 DVD
❷ ㉠ 화장품　㉡ 인삼　㉢ 김
❸ ㉠ 인삼　㉡ 한국 과자　㉢ 화장품
❹ ㉠ 인삼　㉡ 화장품　㉢ 드라마 DVD

2) 들은 내용과 같으면 O, 다르면 X 하십시오.

❶ 슈테판 씨는 가족과 친구들의 선물을 모두 준비했습니다. (　　)
❷ 대만에서 한국 드라마가 인기가 많습니다. (　　)
❷ 슈테판 씨는 마트에 가서 여러 가지 물건들을 구경할 것 같습니다. (　　)

03

여러분은 한국에서 무슨 선물을 사겠습니까? 같이 이야기하십시오.

무슨 선물을 사고 싶어요?	
어디에서 그 물건을 사고 싶어요?	
왜 그 물건을 사고 싶어요?	

비타민 EN vitamin JP ビタミン CH 维他命
병 EN bottle JP 瓶 CH 瓶
감기 EN cold JP 風邪 CH 感冒

과제 2 읽고 쓰기

읽고 질문에 대답하십시오.

2013년 2월 19일

어제 친구와 홍대 근처에 갔습니다. 거기에는 한국 사람들도 많고 외국 사람들도 많았습니다. 우리는 옷 가게에서 옷을 구경했습니다. 하지만 마음에 드는 옷이 없었습니다. 저는 운동화를 사고 싶어서 신발 가게에 갔습니다. 가게에는 구경하는 손님들이 많아서 복잡했습니다. 하얀색 운동화가 마음에 들었습니다. 그런데 하얀 운동화는 맞는 사이즈가 없어서 파란색 운동화를 샀습니다. 주인 아저씨가 5천원을 깎아 주셨습니다. 운동화를 산 후에 유명한 떡볶이 집에 갔습니다. 손님이 많았기 때문에 오래 기다렸습니다. 쇼핑도 하고 맛있는 떡볶이도 먹어서 아주 즐거웠습니다.

01

1) 유리 씨는 친구와 홍대 근처에서 무엇을 했습니까? 순서대로 쓰십시오.

어디에서 샀습니까?	무엇을 했습니까?
❶ 옷 가게	
❷	파란색 운동화를 샀습니다.
❸	

2) 내용과 같은 것을 고르십시오. (　　)

❶ 유리 씨는 옷이 작아서 사지 않았습니다.
❷ 유리 씨는 홍대 근처에서 즐거운 시간을 보냈습니다.
❸ 유리 씨는 값이 비싸서 하얀색 운동화를 사지 않았습니다.
❹ 홍대 근처에 외국 사람들은 많았지만 한국 사람들은 많지 않았습니다.

02 여러분이 가지고 있는 물건 중에서 한국에서 산 물건이 있습니까? 그 물건에 대해 보기 와 같이 쓰십시오.

 운동화	어디에서 샀어요?	명동
	언제 샀어요?	1년 전
	값이 얼마였어요?	4만원
	뭐가 좋아요?	운동을 할 때 신으면 정말 편해요.
	뭐가 나빠요?	하얀색이어서 쉽게 더러워져요.

보기

이것은 제가 1년 전에 명동에서 산 운동화예요. 45,000원이었는데 신발 가게 아저씨가 5,000원 깎아 주셨어요. 그래서 40,000원에 샀어요. 운동을 할 때 자주 신는데 정말 편해요. 하지만 하얀색이어서 쉽게 더러워져요.

	어디에서 샀어요?	
	언제 샀어요?	
	값이 얼마였어요?	
	뭐가 좋아요?	
	뭐가 나빠요?	

아저씨 EN middle aged man / Mister JP おじさん CH 叔叔
운동화 EN sneakers JP 運動靴 CH 运动鞋
더러워지다 EN to become dirty JP 汚れる CH 变脏

과제 3 말하기

01 여러분은 무엇을 사겠습니까? 보기 와 같이 이야기하십시오.

 긴 바지 45,000원	 긴 치마 30,000원	 원피스 60,000원	 원피스 50,000원	 티셔츠 10,000원
 짧은 바지 40,000원	 짧은 치마 20,000원			 티셔츠 15,000원

보기

점원: 어서 오세요? 뭘 찾으세요?
손님: 티셔츠를 하나 사려고 하는데요.
점원: 선물하실 거예요?
손님: 아니요, 제가 입을 거예요.
점원: 이 빨간 색 티셔츠는 어때요? 손님이 입으면 잘 어울릴 거예요.
손님: 색깔이 마음에 들어요. 얼마예요?
점원: 15,000원이에요.
손님: 너무 비싸요. 13,000원에 주세요.
점원: 13,000원은 안 돼요. 14,000원에 드릴게요.
손님: 네, 감사합니다.

1) 신발 가게

 슬리퍼 5,000원	 슬리퍼 6,000원	 운동화 50,000원	 운동화 60,000원
 구두 80,000원	 구두 70,000원	 구두 90,000원	 구두 100,000원

2) 가방 가게

 배낭 100,000원	 배낭 80,000원	 서류 가방 100,000원
 서류 가방 150,000원	 핸드백 150,000원	 핸드백 200,000원

원피스 EN dress JP ワンピース CH 连衣裙
배낭 EN knapsack / backpack JP リュックサック CH 背包
핸드백 EN handbag JP ハンドバッグ CH 手提包
슬리퍼 EN slippers JP スリッパ CH 拖鞋
서류 가방 EN briefcase JP 書類カバン CH 公文包
어울리다 EN to match JP 似合う CH 适合

MP3_14

제 14 과

어제 티셔츠를 샀는데 좀 작아요

- **학습 목표** 쇼핑한 물건을 교환할 수 있다.
- **어휘** 영수증, 치수, 저쪽
  물건 교환 관련 어휘
- **문법** -는데[2], -어 보다[2]
- **과제** 교환, 환불 이야기를 듣고 말하기
  물건 교환에 대한 이야기 읽고 쓰기
  물건 교환하기

1 물건을 산 후에 다른 물건으로 바꾼 적이 있습니까?

2 왜 물건을 바꿨습니까?

MP3

영수증
EN receipt
JP 領収書/レシート
CH 发票

치수
EN measurements
JP サイズ
CH 尺寸

저쪽
EN over there
JP あちら
CH 那边儿

유 리 어제 이 티셔츠를 샀는데 좀 작아요.

직 원 살 때 안 입어 보셨어요?

유 리 네, 시간이 없어서 입어 보지 못했어요.

직 원 영수증을 가지고 오셨지요? 옷하고 같이 주세요.

유 리 한 치수 큰 것으로 바꾸고 싶어요.

직 원 네, 여기 있습니다. 저쪽에서 입어 보세요.

샀는데 [산는데]
못했어요 [모태써요]

어휘

팔다
EN to sell
JP 売る
CH 卖

사다
EN to buy
JP 買う
CH 买

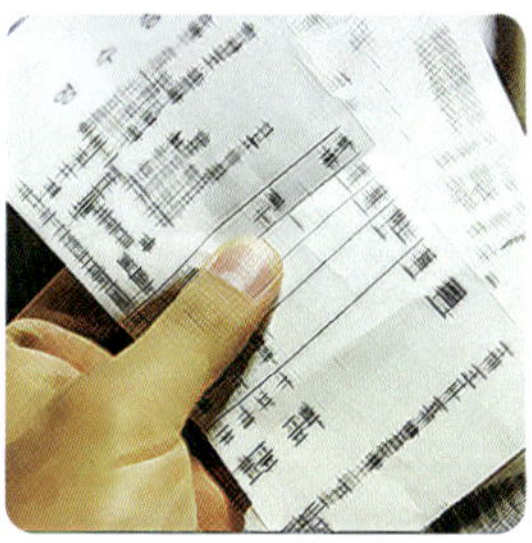

영수증
EN receipt
JP 領収証/レシート
CH 发票

교환하다
EN to exchange
JP 交換する
CH 交换

환불하다
EN to refund
JP 払い戻しする
CH 退还

빈 칸에 알맞은 말을 쓰십시오.

보기 내일은 친구 생일입니다. 저는 친구 생일 선물을 사러으러/러 백화점에 가겠습니다.

1) 시장에는 여러 가지 물건을 ______________ 는 가게가 많습니다.

2) 옷을 샀는데 좀 작았습니다. 그래서 다시 가게에 가서 큰 옷으로 ______________ 었습니다/았습니다/였습니다.

3) 쇼핑한 옷을 다른 옷으로 바꾸고 싶었습니다. 하지만 마음에 드는 옷이 없어서 ______________ 었습니다/았습니다/였습니다.

4) 물건을 바꿀 때, 물건을 환불할 때 모두 ______________ 이/가 필요합니다.

문법

1 -는데, 은데/ㄴ데²

- 어제 영화를 봤는데 아주 재미있었어요.
- 저는 학생식당에 자주 가는데 맛도 좋고 값도 싸요.
- 정우 씨는 우리 반 친구인데 한국말도 잘하고 중국말도 잘해요.
- 마이클 씨는 친구가 많은데 미국 친구보다 한국 친구가 더 많아요.

여기는 여러분의 방입니다. 보기 와 같이 문장을 만드십시오.

보기 이 시계는 지난주에 명동에서 샀는데 싸고 예뻐요.

1) ______________________

2) ______________________

3) ______________________

4) ______________________

5) ______________________

2 -어/아/여 보다[2]

- 혼자 여행을 해 봤어요.
- 1년 전에 제주도에 가 봤어요.
- 엄마하고 김치를 만들어 봤어요.
- 한국에 와서 스키를 타 봤어요?

여러분이 한 일입니다. 보기 와 같이 이야기하십시오.

보기

1)

2)

3)

4)

5)

보기 저는 한옥 마을에 처음 가 봤어요. 거기에서 여러 가지 재미있는 경험을 했어요.

1) ______________________________

2) ______________________________

3) ______________________________

4) ______________________________

5) ______________________________

과제 1 듣고 말하기

듣고 질문에 대답하십시오.

MP3 01

1) 여기가 어디입니까? (　　)

❶ 식당　❷ 서점　❸ 도서관　❹ 옷가게

2) 들은 내용과 같은 것을 고르십시오. (　　)

❶ 지금 영수증이 없습니다.
❷ 손님은 오늘 책을 샀습니다.
❸ 손님은 물건을 환불하겠습니다.
❹ 손님이 산 책은 두 쪽이 없습니다.

MP3 02

1) 유리 씨는 오늘 왜 명동에 갑니까? (　　)

❶ 쇼핑하러 갑니다.　❷ 교환하러 갑니다.
❸ 환불하러 갑니다.　❹ 백화점에서 세일을 해서 갑니다.

2) 다음은 유리 씨의 이야기입니다. (　　) 안에 알맞은 단어를 쓰십시오.

저는 (　　　　) 전에 명동에 갔어요. 화장품 가게에 갔는데 (　　　　) 을/를 하고 있었어요. 그래서 저는 (　　　　)을/를 하나 샀어요. 날마다 얼굴에 로션을 발랐는데 피부가 좀 아팠어요. 저한테 안 맞는 것 같았어요. 그래서 저는 오늘 다시 (　　　　)에 가요.

03

여러분도 물건을 교환한 적이 있습니까? 친구와 이야기하십시오.

무엇을 샀습니까?	
어디에서 샀습니까?	
무슨 문제가 있었습니까?	

문제 EN problem JP 問題 CH 问题
새 EN new JP 新しい CH 新的
피부 EN skin JP 肌 CH 皮肤
쪽 EN page JP ページ CH 页
얼굴 EN face JP 顔 CH 脸

과제 2 읽고 쓰기

읽고 질문에 대답하십시오.

Q 안녕하세요? 저는 지난 주말에 명동에 있는 매장에서 원피스를 하나 샀어요. 그런데 살 때는 몰랐는데 원피스에 단추가 하나 없어요. 원피스를 교환하고 싶지만 영수증이 없어요. 열심히 찾아 봤지만 찾을 수 없었어요. 영수증이 없으면 바꿀 수 없어요? 좀 도와 주세요.

답변

고객님, 안녕하세요?

영수증 때문에 걱정을 많이 하셨군요.

같은 옷으로 교환하실 때는 영수증이 필요 없습니다. 시간이 있을 때 매장으로 가세요.

감사합니다.

01

1) 이 사람은 왜 걱정하고 있습니까? ( )

❶ 단추가 없어서 ❷ 영수증이 없어서
❸ 원피스가 작아서 ❹ 매장이 가깝지 않아서

2) 이 글에서 알 수 없는 것은 무엇입니까? ( )

❶ 옷 값 ❷ 옷의 문제 ❸ 옷을 산 때 ❹ 옷을 산 장소

3) 내용과 같으면 O, 다르면 X 하십시오.

❶ 옷에 단추가 하나 없습니다. ( )
❷ 같은 옷으로 바꿀 때 영수증이 필요합니다. ( )
❸ 명동에 있는 매장에서는 원피스를 바꿀 수 없습니다. ( )

단추 EN button JP ボタン CH 纽扣
매장 EN store JP 売り場 CH 卖场
고객 EN customer JP 客 CH 顾客

02 다음 표를 보고 질문하는 글을 써 보십시오.

언제	일주일 전
장소	인터넷 쇼핑 사이트 'K마켓'
물건	전자사전
문제	조금 깨졌어요.
질문	어떻게 교환해요?

Q

사이트 EN website JP サイト CH 网站
깨지다 EN to break JP 壊れる CH 摔坏
전자사전 EN electronic dictionary JP 電子辞書 CH 电子词典

과제 3 말하기

01 어느 물건으로 교환하겠습니까? 보기 와 같이 이야기하십시오.

• 옷 가게

산 물건			

치마 30,000원	치마 35,000원	반바지 28,000원	바지 40,000원

보기

점원: 어서 오세요. 뭘 찾으세요?
손님: 어제 이 치마를 샀는데 좀 짧아요.
점원: 사실 때 안 입어 보셨어요?
손님: 네, 시간이 없어서 못 입어 봤어요. 집에서 입어 봤는데 좀 짧아요.
점원: 그럼 다른 옷으로 교환하시겠어요? 환불하시겠어요?
손님: 긴 치마로 바꾸겠어요. 얼마예요?
점원: 35,000원입니다.
손님: 5,000원 여기 있습니다.
점원: 네, 감사합니다. 또 오십시오.

1) 신발 가게

산 물건			

구두 70,000원	슬리퍼 45,000원	운동화 45,000원	구두 50,000원

2) 액세서리 가게

산 물건			

목걸이 100,000원	귀고리 50,000원	반지 150,000원	목걸이 80,000원

귀고리 EN earrings JP ピアス CH 耳环　　**반지** EN ring JP 指輪 CH 戒指

MP3_15

제 15 과

한국은 눈이 오는데 대만은 눈이 안 와요

- **학습 목표** 날씨 이야기를 할 수 있다.
- **어휘** 습하다, 대만, 돌아가다
  계절 활동 관련 어휘
- **문법** -는데[3], -었으면 좋겠다
- **과제** 다른 나라의 계절이야기를 듣기
  계절 활동과 관련된 광고 읽고 말하기
  고향의 계절 특징을 말하고 쓰기

1 오늘 날씨가 어떻습니까?

2 여러분은 어떤 날씨를 좋아합니까?

MP3

습하다
EN to be humid
JP 湿気がある/じめじめする
CH 潮湿

대만
EN Taiwan
JP 台湾
CH 台湾

돌아가다
EN to return
JP 帰る
CH 回去

슈테판 리핑 씨 고향은 여름에 날씨가 어때요?

리 핑 한국보다 더 덥고 습해요.

슈테판 겨울에는 어때요? 눈이 와요?

리 핑 아니요, 한국은 눈이 오는데 대만은 눈이 안 와요.

슈테판 그래요? 그럼 지금까지 눈을 본 적이 없어요?

리 핑 네, 고향에 돌아가기 전에 눈이 왔으면 좋겠어요.

덥고	[덥꼬]
좋겠어요	[조케써요]

어휘

	봄	소풍을 가다	꽃구경을 가다
EN	Spring	to go on a picnic	to go to see flowers
JP	春	ピクニックに行く	花見に行く
CH	春天	郊游	赏花

	여름	해수욕장에 가다	야영을 하다
EN	Summer	to go to a beach	to go camping
JP	夏	海水浴場に行く	キャンプをする
CH	夏天	去海水浴场	去野营

	가을	단풍 구경을 가다	독서하다
EN	Fall/Autumn	to go to view the autumnal leaves	to read books
JP	秋	紅葉狩りをする	読書する
CH	秋天	赏枫叶	读书

	겨울	스키를 타다	눈사람을 만들다
EN	Winter	to go skiing	to make a snowman
JP	冬	スキーをする	雪だるまを作る
CH	冬天	滑雪	堆雪人

다음은 어느 계절에 합니까? 관계있는 것을 서로 연결하십시오.

보기 단풍 구경을 갑니다. • — • 가을

1) 공원에서 책을 읽습니다. •
2) 눈이 오면 친구들과 눈으로 사람을 만듭니다. •
3) 바다에 수영을 하러 갑니다. •
4) 아름다운 꽃들을 보러 갑니다. •

• 봄
• 여름
• 가을
• 겨울

문법

1 -는데, -은데/ㄴ데[3]

- 지하철은 복잡한데 버스는 복잡하지 않아요.
- 저는 탁구를 좋아하는데 친구들은 축구를 좋아해요.
- 제 생일은 여름인데 리핑 씨 생일은 겨울이에요.
- 지난주에는 바빴는데 이번 주에는 한가해요.

여러분 나라와 한국은 어떻게 다릅니까? 보기 와 같이 이야기하십시오.

보기 계절

1) 음식

2) 취미

3) 인기 직업

4) 신혼여행

5) 학교생활

보기 한국은 사계절이 있는데 우리나라는 사계절이 없어요.

1) ______________________________

2) ______________________________

3) ______________________________

4) ______________________________

5) ______________________________

2 -었으면/았으면/였으면 좋겠다

- 이번 듣기 시험이 쉬웠으면 좋겠어요.
- 올해 겨울은 따뜻했으면 좋겠습니다.
- 저는 한국말을 잘 했으면 좋겠어요.
- 우리 반이 노래 대회에서 1등을 했으면 좋겠어요.

여러분의 소원입니다. 그림을 보고 보기 와 같이 문장을 만드십시오.

보기

1)

2)

3)

4)

5)

보기 저는 좋은 회사에서 일했으면 좋겠어요.

1) ______________________________

2) ______________________________

3) ______________________________

4) ______________________________

5) ______________________________

과제 1 듣기

▶ 듣고 질문에 대답하십시오.

MP3 01

1) 호주 사람들은 크리스마스 때 보통 뭘 합니까?

____

2) 이야기의 내용과 같으면 O, 다르면 X표 하십시오.

❶ 에릭 씨는 호주 사람입니다. ( )

❷ 호주는 지금 춥습니다. ( )

MP3 02

1) 무슨 이야기입니까?

____

2) 이야기의 내용과 같으면 O, 다르면 X표 하십시오.

❶ 오늘은 낮에도 선선합니다. ( )

❷ 오늘은 감기에 걸리기 쉬운 날씨입니다. ( )

❸ 내일은 우산이 필요합니다. ( )

처럼 EN like / as JP のように CH 像

낮 EN day JP 昼 CH 白天

나가다 EN to go out JP 出かける CH 出去

남쪽 EN southern direction JP 南側 CH 南边

감기에 걸리다 EN to catch a cold JP 風邪にかかる CH 感冒

읽고 질문에 대답하십시오.

지금은 11월입니다. 평창 스키장은 12월부터 문을 엽니다.
그래서 저는 다음 달에 친구들과 같이 스키장에 가려고 합니다.
제 친구는 스키가 있는데 저는 스키가 없습니다.
그래서 저는 스키장에서 스키를 빌리려고 합니다.
우리는 학생이어서 20% 싸게 스키를 탈 수 있습니다.
그래서 아주 기분이 좋습니다. 이번 여행이 재미있었으면 좋겠습니다.

01

1) 이 광고는 어느 계절에 볼 수 있습니까?

____

2) 내용과 같으면 O, 다르면 X표 하십시오.

❶ 평창 스키장은 세 달만 문을 엽니다. (　　)
❷ 학생들은 싸게 스키를 탈 수 있습니다. (　　)
❸ 평창 스키장은 밤에 문을 닫습니다. (　　)

02

1) 무슨 이야기입니까? (　　)

❶ 휴가　　❷ 자전거　　❸ 소풍　　❹ 공원

2) 이 광고는 어느 계절에 볼 수 있습니까?

____

03

여러분 나라 사람들은 봄, 여름, 가을, 겨울에 무엇을 합니까? 쓰십시오.

봄	
여름	
가을	
겨울	

광고 EN advertisement JP 広告 CH 广告　　**스키장** EN ski ground JP スキー場 CH 滑雪场

과제 3 말하고 쓰기

01 여러분 나라의 계절을 보기 와 같이 쓰고 친구와 이야기하십시오.

보기

유리: 알린 씨 고향이 어디예요?

알린: 인도네시아예요.

유리: 인도네시아는 날씨가 어때요?

알린: 우리 고향은 사계절이 없어요. 건기하고 우기만 있어요.

유리: 건기 때는 날씨가 어때요?

알린: 많이 건조해요. 그리고 낮에는 덥고 저녁에는 선선해요.

유리: 우기 때는요?

알린: 비가 많이 와요. 보통 11월부터 3월까지 우기예요.

02 보기 와 같이 여러분 나라의 계절을 쓰고 소개하십시오.

보기

제 고향은 인도네시아입니다. 인도네시아는 사계절이 없습니다. 건기와 우기만 있습니다. 건기 때는 날씨가 많이 건조합니다. 낮에는 정말 덥지만 저녁에는 선선합니다. 이때 여행을 하는 사람들이 많습니다. 우기 때는 비가 많이 옵니다. 보통 우기는 11월부터 3월까지입니다.

건기 EN dry season JP 乾期 CH 干季

건조하다 EN to be dry JP 乾燥する CH 干燥

우기 EN rainy season JP 雨期 CH 雨季

3주완성
연세 한국어

연세대학교 한국어학당 편

3 부록

1. 번역 (영어 · 일본어 · 중국어)
2. 문법 활용연습
3. 듣기 지문
4. 모범 답안
5. 색인

연세대학교 출판문화원

3주완성

연세 한국어

연세대학교 한국어학당 편

3 부록

1. **번역** (영어 · 일본어 · 중국어)
2. 문법 활용연습
3. 듣기 지문
4. 모범 답안
5. 색인

연세대학교 출판문화원

Preface

Having the highest reputation in Korean language education for more than 50 years, the Korean Language Institute of the Yonsei University Language Research and Education Center has compiled a large quantity of textbooks to enhance the quality of the Korean Language Education.

With the recent rise of the 'Korean Wave', the Korean culture is now spreading beyond the region of Asia to America and Europe and all over the world. As a result, the interest and demand to learn the Korean language is increasing. In the past, the students of Korean language education were mostly overseas Koreans and some foreigners, but now there is a growing tide of Korean language learners with different objectives and requests. For this reason, the demands of the learners for textbooks have also become diverse.

Over the years, the Yonsei University Language Research and Education Center Korean Language Institute has continuously developed and published textbooks that met the objectives and demands of many different learners such as those with goals for employment or further studies as well as the children of overseas Koreans. This textbook 'Yonsei Korean in 3 Weeks 3' was published for the learners who desire to learn the Korean language through a 60 hour course. It introduces essential vocabulary, grammar, and Korean culture and ways of thinking with interesting topics for foreigners to expand their understanding of Korea and the Korean language. It also includes a variety of tasks in order to develop balanced skills in vocabulary, grammar, listening, speaking, writing, and reading

The objective of learning a language is to increase communication skills as well as understand the society and culture of the targeted language. We are confident that this textbook will be very helpful to learners who seek to learn the Korean language and culture in a short amount of time. We believe it will also play a large role in the overall development of Korean language textbooks.

We hope that this textbook 'Yonsei Korean in 3 Weeks 3' will be a great help to not only the learners studying at the Korean Language Institute of the Yonsei University Language Research and Education Center, but to all learners in Korea and around the world who want to learn the Korean language and culture within a short period of time. The Textbook Compilation Committee at the Yonsei University Language Research and Education Center Korean Language Institute will continue to do our best to meet the requests and expectations of learners in the future.

Yonsei University Language Research and Education Center
Korean Language Institute Textbook Compilation Committee

はじめに

50年以上を韓国語教育に邁進してきた延世大学校韓国語学堂は、韓国内最高の歴史と名声にふさわしくこれまでに多くの韓国語教材の編纂と関連研究をしてきたことで韓国語教育を先導してきた。

特に最近では停滞していた韓流がアジア地域だけにとどまらず、アメリカ地域やヨーロッパ至るまで全世界に拡散されながら韓国と韓国文化が世界に伝わり、これによって韓国語に対する関心と需要も増えている。以前は海外同胞や一部の外国人を中心に行われてきた韓国語教育が、今では多様な目的と要求を持つ学習者を対象に拡大の傾向にあり教材に対する需要もこれとともに多様になってきている。

延世大学校韓国語学堂はこれまで一般の目的の韓国語学習者だけではなく職業目的の学習者、学問目的の学習者、海外同胞の子女など多様な対象の目的と需要に合わせた教材を持続的に開発、出版してきた。今回出版する'3週完成延世韓国語3'は60時間用教材で短期間で韓国語を学ぼうとする学習者を対象に作った教材だ。よって外国人が興味を持っているテーマを中心に必須語彙や文法、文化や考え方を紹介することで韓国語と韓国についての理解を広げることに努めた。特にこの教材は語彙力や文法理解力および話す、聞く、書く、読むの領域をバランス良く向上させることができるように多様な課題を含むことによって学習効果を高めようと構成した。

言語教育は目標語を通じたコミュニケーション能力の向上とともに目標言語の社会や文化を理解させるのにその目的がある。この教材は短い期間に韓国語を学び韓国文化を知ろうとする学習者に大いに役に立つと確信し、韓国語教材の発展にも大きな役割を担うだろうと思う。

'3週完成延世韓国語3'が延世大学校言語研究教育院韓国語学堂で学習する学習者たちだけではなく韓国内、国内で短期間で韓国語と韓国文化を学びたい多くの学習者たちに役立つことを願い、延世大学校言語研究教育院韓国語学堂教材編纂委員会は今後も学習者の要求と期待に応える教材開発のために最善を尽くしたい。

延世大学校言語研究教育院
韓国語学堂教材編纂委員会

前言

有着 50 年以上韩国语教育历史的延世大学韩国语学堂，与其悠久的历史及盛名相符，曾编写了各类韩国语教材并做了不少相关研究，引领着韩国语教育的发展。

最近，曾停滞一时的韩流风潮开始逐渐超出亚洲范围，扩散到了美洲、欧洲等世界各地，韩国及韩国文化在世界范围内得到了广泛传播，与之相连的，大家对韩语的兴趣和需求也在慢慢的增加。以前主要以海外同胞和一部分外国人为中心的韩国语教育，现在逐渐有了以持有各种目的和要求的学习者为对象的扩大化趋势，因此对教材的需求也开始变得多样化起来。

延世大学韩国语学堂在此期间不仅针对一般的韩国语学习者，还针对有求职需求的学习者，有升学目的的学习者，海外同胞的子女等有着各种各样目的及需求的学习对象，持续不断地开发、出版了各类教材。本次出版的'3周速成延世韩国语3'作为60学时用教材，是针对短期韩国语学习者而编写的教材。主要以外国人感兴趣的主题为中心，介绍了必要的词汇、语法、文化和思维方式，以便加深学习者对韩国语及韩国的理解。尤其是本教材为了使学习者的词汇能力、语法理解力和听说读写各能力得到均衡的发展，加入了多样化的练习，以确保学习效果的提高。

语言教育的目标是为了通过目的语来提高交际能力，并理解使用这种目的语的社会和文化。本教材能够对短时间内学习韩国语并想了解韩国文化的学习者提供很多的帮助，并为韩国语教材的发展承担起自己的一份责任。

'3周速成延世韩国语3'不仅适用于延世大学语言研究教育院韩国语学堂的学习者，也适用于国内、国外短期内学习韩国语和韩国文化的所有学习者，希望为他们提供很大的帮助。延世大学语言研究教育院韩国语学堂教材编写委员会今后将不负学习者的要求和希望，为教材的开发贡献自己最大的力量。

延世大学语言研究教育院
韩国语学堂教材编写委员会

Introduction

- The 'Yonsei Korean in 3 Weeks 3' was written for the foreigner and overseas Korean students who seek to learn the Korean language within a short amount of time. As a textbook for beginners, this was written to help the learner have a wider understanding of Korea with the necessary lessons in vocabulary, grammar, culture, and way of thinking.

- Five characters appear in the 'Yonsei Korean in 3 Weeks 3' and the 15 lessons consist of dialogues about the everyday life of these characters.

- Each chapter of this textbook includes a chapter title, objective, illustration and introductory questions, dialogue, pronunciation, vocabulary words, grammar, and tasks.

- The chapter title for each lesson is an important sentence taken from the chapter dialogue.

- The objective for each chapter presents a communication skill and task necessary to learn in order to motivate the learner and help promote a clearer understanding of the chapter.

- The main dialogue of each chapter was created with the intention to make it the most typical and representative type of dialogue concerning a targeted theme. Each dialogue is made up of 6-9 sentences with 3 turns of dialogue. An illustration and a couple of questions come before the dialogue to help the learner become interested in the content of the conversation.

- Words from the dialogue that need special attention with pronunciation are presented separately to help the learner practice the words with accurate pronunciation.

- The selected vocabulary words for the theme of each chapter that the learner must know are presented with illustrations to help with understanding meaning. There are 266 words presented in 'Yonsei Korean in 3 Weeks 3.'

- The grammar and sentence pattern lessons that come from each chapter's main dialogue are presented. After the grammar presentation, practice, questions are included to help the learner check what he or she has learned.

- There are 3 tasks for each chapter which are consistent with the communication skill presented in the chapter objective. The tasks adequately address the four skills of speaking, listening, reading, and writing, and for the beginner stage, a greater emphasis is made on speaking and listening.

- The informations related to culture are presented in case that pertains to the theme of the chapter and helps in understanding the Korean language.

- As a supplement, translation, grammar practice, listening script, sample answers and index are provided for the learner's confirmation of the chapter's contents and self-study of the targeted grammar lessons.

- The sample answers present the answers to the vocabulary and grammar practice. When needed, sample answers to the tasks are also illustrated.

- In the index of vocabulary and grammar, the new vocabulary, including the vocabulary related to themes, and grammar lessons are organized in Korean alphabetical order.

凡例

- ‘3週完成延世韓国語3’は短期間に韓国語を学ぼうとする外国人および在外同胞の学習者のための初級段階の教科書で、初級段階で必ず知らなくてはてはいけないテーマを中心に扱い、これといっしょに必須の語彙や文法、考え方を紹介しながら韓国についての理解を広げようとしている。

- ‘3週完成延世韓国語3’は5名の主要人物が登場し、登場人物の日常生活を中心に本文の会話内容を 15 の課で構成した。

- 本教材は課名、学習目標、イラストと導入質問、会話、発音、語彙、文法、課題で構成されている。

- 各課のタイトルは本文の会話内容の中の主要な文章で示した。

- 各課の目標は該当の課で学習しなくてはならないコミュニケーション機能や課題を中心に示し、学習者たちの学習動機を誘発し、課に対する理解を促進させるのに役立つようにした。

- 本文の会話は各課のテーマに関連した一番典型的で代表的な会話の状況を設定しようと努力し、6~9 つの文章、3 組の会話で構成した。会話の前にはテーマに関連したイラストと質問を入れ学習者たちが会話内容に興味をもって接することができるよう誘導した。

- 会話で注意しなくてはならない発音は別に示し正確な発音を練習できるようにした。

- 語彙は各課のテーマ別に必ず知らなくてはならない語彙を選定して示し、関連イラストとをいっしょに示して意味を簡単に理解できるようにした。'3週完成延世韓国語3'で示した単語は266語である。

- 文法は各課に出た重要な文法や文型の例文を示した後、練習問題を付け加え勉強した内容を学習者が点検できるようにした。

- 課題は学習目標で示したコミュニケーション機能に一致するもので各課ごとに3つずつ示した。課題は話す、聞く、読む、書くの4機能を適切に行えるように提示し、初級課程で要求される話す、聴くの比重を高く構成した。

- 課のテーマに関連し韓国語を理解するのに役に立つ場合、該当部分に文化の関連情報を示した。

- 付録で翻訳、文法活用練習、聞取りスクリプト，模範答案と索引をもうけ、学習者が該当の課の内容が確認できるようにするとともに目標文法を自習することができるようにした。

- 模範答案は語彙や文法練習の模範答案を示し、必要な場合、課題の模範答案も例示した。

- 語彙と文法索引では各課で扱われた本文の新出単語、テーマに関連した語彙や主要文法をそれぞれカナタ順で整理して示した。

凡例

- ‘3周速成延世韩国语3’是为了给在短时间内学习韩语的外国人及侨胞学习者而编写的初级阶段教材。教材以初级阶段必须掌握的主题为中心，包括了该阶段必须的词汇和语法，并通过对文化和思维方式的介绍来加深学生对韩国的了解。

- ‘3周速成延世韩国语3’中有5名主要人物登场，对话内容皆以这5名人物的日常生活为中心而展开，来组成 15 篇课文。

- 本教材以题目、学习目标、插话及导入问题、对话、发音、词汇、语法， 还有课堂练习构成。

- 每课的题目是课文对话内容中的一个重要句子。

- 每课的目标展示的是学习者在该课所应该掌握的交际技能以及课堂练习，来诱发学习者的学习动机，帮助促进对课文的理解。

- 课文对话致力于设定与每课主题相关的最为典型、最具代表性的对话情景，一般由 6~9 个句子，即 3 组对话构成。在对话前面加入题目及相关的插话和提问，可以使学习者对对话内容产生兴趣。

- 将对话中应该注意的发音另外加以展示，可以使学习者练习正确的发音。

- 词汇部分的设定，一般是各课的主题下所必须掌握的词汇，配上相关的插话，可以帮助学习者更容易地理解其意思。'3周速成延世韩国语3'中共有266个单词。

- 语法部分，把各单元对话中出现的的主要语法或句型的例句进行梳理，并附上习题，以便学习者对学习内容进行自我检查。

- 课堂练习部分，与学习目标中所提出的交际技能想呼应，每课共有 3 项练习。练习部分注重听、说、读、写四种技能的训练，并与初级课程的要求相配合，侧重于听和说的练习。

- 与单元主题相关联的，能够帮助理解韩语的一些文化内容，将在相应单元进行展示。

- 附录包括翻译、语法练习、听力原文、标准答案和索引，以便学习者能够确认相应单元的内容，同时也能够对目标语法进行自学。

- 标准答案部分主要是给出了词汇及语法练习的答案，必要时也包括了课堂练习标准答案。

- 词汇与语法索引部分，对每课出现的课文新词汇、与主题相关的词汇及主要语法项目以'가나다'的顺序进行整理展示。

Contents Map

Chapter	Title	Task	Vocabulary	Grammar
1	Did you learn Korean before coming to Korea?	Task 1 Listen to a story about a Korean class Task 2 Read about an experience of learning Korean and speak Task 3 Speak and write about a Korean class lesson	vocabulary related to a class lesson	-기 전에 한테서
2	I will contact Youngju	Task 1 Listen to a dialogue about using a cellphone and speak Task 2 Read different types of text messages and send one Task 3 Speak and write about your own cellphone	Vocabulary related to cellphones	-는데[1] -을게요
3	Have you ever seen a public performance in Korea?	Task 1 Listen to an experience of watching a public performance Task 2 Read and write about an experience of watching a public performance Task 3 Speak and write about an experience of watching a public performance	Vocabulary related to viewing something	-은 적이 있다 -는군요
4	I plan on watching a baseball game tomorrow	Task 1 Listen to a dialogue of making an appointment and speak Task 2 Read a story about being late to an appointment Task 3 Make an appointment over the phone and send a text message to a friend	Vocabulary related to appointments	-고 있다 -으려고 하다
5	I think there will be traffic because it's the time people are leaving their offices	Task 1 Listen to a story about transportation and speak Task 2 Read and speak about a story of using bus Task 3 Speak and write about a method to find a destination	Vocabulary related to transportation	으로 -는 것 같다
6	It only takes 5 minutes	Task 1 Listen to a story about finding directions and write Task 2 Read about an experience of finding an appointed location Task 3 Give directions and write	Vocabulary related to roads	-으면 밖에
7	What will you do in the afternoon?	Task 1 Listen to a story about plans and speak Task 2 Read and write about a story on plans Task 3 Speak about travel plans	Vocabulary related to holidays	-게 -을 거예요[1]

Chapter	Title	Task	Vocabulary	Grammar
8	Try the bibimbab	Task 1 Listen to a suggestion for food and speak Task 2 Read a story about restaurant food and suggest a meal Task 3 Write about a food you like and introduce it	Vocabulary related to food ingredients	르 동사 -어 보다[1]
9	Let's eat Patbingsu after eating Topokki	Task 1 Listen to a dialogue about street food Task 2 Read and speak about a story on street food Task 3 Speak and write about your country's street food	Vocabulary related to street food	-겠- -은 후에
10	I often go to the singing room with my friends when I am bored	Task 1 Listen to an experience of going to a jjimjilbang Task 2 Read and write about an introduction to a place worth visiting in Korea Task 3 Speak and write about a place you visited in Korea	Vocabulary related to leisure life	-을 때 -으려고
11	My hobby is taking pictures	Task 1 Listen to a dialogue about hobbies Task 2 Read and speak about a story on hobbies Task 3 Write and speak about your hobby	Vocabulary related hobby activities	-어 이야
12	I want to buy Korean tea	Task 1 Listen to a story about shopping and speak Task 2 Read about different places for shopping in Korea Task 3 Speak and write about a famous place for shopping in your country	Vocabulary related to shopping places	-는데요 이나
13	The price is cheap because there is a sale now	Task 1 Listen to a story about buying things and speak Task 2 Read and write about a shopping story Task 3 Select a product and buy it	Vocabulary related to shopping	-을 거예요[2] -기 때문에
14	I bought a T-shirt yesterday but it's too small	Task 1 Listen to a story about an exchange and refund and speak Task 2 Read and write about a story of an exchange Task 3 Exchange an item	Vocabulary related to exchanging items	-는데[2] -어 보다[2]
15	It snows in Korea but not in Taiwan	Task 1 Listen to a story about another country's seasons Task 2 Read an ad for a seasonal activity and speak Task 3 Speak and write about the special characteristics of your hometown's seasons.	Vocabulary related to seasonal activities	-는데[3] -었으면 좋겠다

内容構成

単元	タイトル	課題	語彙	文法
1	韓国に来る前に韓国語を学びましたか	課題1 韓国語の授業についての話を聞く 課題2 韓国語を学んだ経験について話を読んで話す 課題3 韓国語の授業について話して書く	授業に関連する語彙	-기 전에 한테서
2	私がヨンジュさんに連絡します	課題1 携帯電話の使用について会話を聞いて話す 課題2 いろいろな種類の携帯メールを読んで携帯メールを送る 課題3 自分の携帯電話について話して書く	携帯電話に関連する語彙	-는데[1] -을게요
3	韓国で公演をみたことがありますか	課題1 公演を見た経験を聞く 課題2 公演を見た経験について読んで話す 課題3 公演を見た経験を話して書く	観覧に関連する語彙	-은 적이 있다 -는군요
4	明日野球を見ようと思います	課題1 約束する会話を聞いて話す 課題2 約束に遅れた話を読む 課題3 電話で約束して他の友達に携帯メールを送る	約束に関連する語彙	-고 있다 -으려고 하다
5	退勤時間なので道が渋滞しそうです	課題1 交通の話を聞いて話す 課題2 バス利用について読んで話す 課題3 目的地にたどりつく方法を話して書く	交通に関連する語彙	으로 -는 것 같다
6	5分しかかかりません	課題1 道を探す話を聞いて書く 課題2 約束の場所を探す経験談を読む 課題3 道を説明して書く	道に関連する語彙	-으면 밖에
7	午後に何をするつもりですか	課題1 計画の話を聞いて話す 課題2 計画の話を読んで書く 課題3 旅行の計画を話す	休日に関連する語彙	-게 -을 거예요[1]

単元	タイトル	課題	語彙	文法
8	ビビンバを召し上がってみてください	課題1 食べ物を勧める会話を聞いて話す 課題2 食堂の食べ物について読んで食べ物を勧める 課題3 好きな食べ物を書いて紹介する	飲み物の材料に関連する語彙	ㄹ 동사 -어 보다[1]
9	トッポキを食べた後にパッピンスを食べましょう	課題1 屋台の食べ物についての会話を聞く 課題2 屋台の食べ物についての話を読んで話す 課題3 自分の国の屋台の食べ物について話して書く	屋台の食べ物に関連する語彙	-겠- -은 후에
10	私は退屈なとき友達とカラオケによく来ます	課題1 チムチルバンに行った経験談を聴く 課題2 韓国で行ってみる価値がある場所を紹介する文を読んで書く 課題3 韓国で行ったことがある場所での経験談を話して書く	余暇生活に関連する語彙	-을 때 -으려고
11	私の趣味は写真を撮ることよ	課題1 趣味についての会話を聞く 課題2 趣味の話を読んで話す 課題3 自身の趣味について話して書く	趣味活動に関連する語彙	-어 이야
12	韓国の茶を買いたいんですが	課題1 ショッピングスポットの話を聞いて話す 課題2 韓国のいろいろなショッピングスポットについて文章を読む 課題3 自分の国の有名なショッピングスポットについて話して書く	ショッピングの場所に関連する語彙	-는데요 이나
13	今セールしているので値段が安いです	課題1 物を買う話を聞いて話す 課題2 ショッピングの話を読んで書く 課題3 物を選んで買う	ショッピングに関連する語彙	-을 거예요[2] -기 때문에
14	昨日Tシャツを買ったんですが、ちょっと小さいです	課題1 交換、払い戻しの話を聞いて話す 課題2 品物の交換について話を読んで書く 課題3 物を交換する	物を交換するときの関連語彙	-는데[2] -어 보다[2]
15	韓国は雪が降りますが、台湾は雪が降りません	課題1 他の国の季節の話を聞く 課題2 季節の活動と関連した広告を読んで話す 課題3 故郷の季節の特徴を話して書く	季節ごとの活動に関連する語彙	-는데[3] -었으면 좋겠다

内容构成

课	题目	课堂练习	词汇	语法
1	来韩国之前学过韩语吗?	课堂练习1 听关于韩语课程的内容 课堂练习2 阅读关于学习韩语经验的文章并说一说 课堂练习3 说一说韩语课的情况并写作	有关上课的词汇	-기 전에 한테서
2	我会跟英珠联系的	课堂练习1 听关于手机使用的对话并说一说 课堂练习2 阅读各种短信并寄发短信 课堂练习3 对自己的手机说一说并写作	有关手机的词汇	-는데[1] -을게요
3	在韩国看过公演吗?	课堂练习1 听关于观看公演的经验的对话 课堂练习2 阅读关于观看公演的经验的文章并说一说 课堂练习3 说一说观看公演的经验并写作	有关观览的词汇	-은 적이 있다 -는군요
4	明天打算去看棒球	课堂练习1 听关于约定的对话并说一说 课堂练习2 阅读关于约定迟到的内容 课堂练习3 通过电话约定并给其他朋友发短信	有关约定的词汇	-고 있다 -으려고 하다
5	因为是下班时间，所以路上可能会堵车	课堂练习1 听关于交通情况的对话并说一说 课堂练习2 阅读关于坐公共汽车的故事并说一说 课堂练习3 说一说找到目的地的方法并写作	有关交通的词汇	으로 -는 것 같다
6	只要5分钟	课堂练习1 听关于问路的内容并写作 课堂练习2 阅读关于寻找约定场所的经验谈 课堂练习3 说明道路并写作	有关道路的词汇	-으면 밖에
7	你下午要做什么?	课堂练习1 听关于计划的对话并说一说 课堂练习2 阅读关于计划的文章并写作 课堂练习3 说一说旅行计划	有关假日的词汇	-게 -을 거예요[1]

课	题目	课堂练习	词汇	语法
8	请尝一下拌饭	课堂练习1 听提出饮食建议的对话并说一说 课堂练习2 阅读关于餐厅的饮食的故事并提出饮食建议 课堂练习3 写写自己喜欢的菜并介绍一下	有关食材的词汇	ㄹ 동사 -어 보다[1]
9	吃完炒年糕后去吃红豆刨冰吧	课堂练习1 听关于街边小吃的对话 课堂练习2 阅读关于街边小吃的对话并说一说 课堂练习3 谈谈自己国家的街边小吃并写作	有关街边小吃的词汇	-겠- -은 후에
10	我无聊的时候经常和朋友们一起来练歌房	课堂练习1 听听关于去桑拿房的经验谈 课堂练习2 阅读介绍韩国值得去的地方的文章并写作 课堂练习3 说说在韩国去过的地方的经验并写作	有关业余生活的词汇	-을 때 -으려고
11	我的爱好是摄影	课堂练习1 听关于兴趣爱好的对话 课堂练习2 阅读关于爱好的材料并说一说 课堂练习3 说一说自己的兴趣爱好并写作	有关兴趣活动的词汇	-어 이야
12	我想买韩国的茶	课堂练习1 听关于购物场所的对话并说一说 课堂练习2 阅读关于韩国各种购物场所的介绍 课堂练习3 说说自己国家有名的购物场所并写作	有关购物场所的词汇	-는데요 이나
13	现在在打折，所以价格很便宜	课堂练习1 听关于买东西的对话并说一说 课堂练习2 阅读关于买东西的文章并写作 课堂练习3 选择并买东西	有关购物的词汇	-을 거예요[2] -기 때문에
14	昨天买的T恤有点儿小	课堂练习1 听关于换货、退款的对话并说一说 课堂练习2 阅读关于换货的材料并写作 课堂练习3 换东西	有关换东西的词汇	-는데[2] -어 보다[2]
15	韩国下雪，但台湾不下	课堂练习1 听听其他国家的季节情况 课堂练习2 阅读有关季节活动的广告并说一说 课堂练习3 说说故乡的季节特征并写作	有关季节活动的词汇	-는데[3] -었으면 좋겠다

Table of Contents

目次

目录

부록

제 1 과

한국에 오기 전에 한국어를 배웠어요?

Did you learn Korean before coming to Korea?

韓国に来る前に韓国語を学びましたか

来韩国之前学过韩语吗?

- **Objectives** to be able to talk about your experience of learning Korean
- **Vocabulary** really, but, listening, speaking, educational institute, month
  Vocabulary related to a class lesson
- **Grammar** -기 전에, 한테서
- **Task** Listen to a story about a Korean class
  Read about an experience of learning Korean and speak
  Speak and write about a Korean class lesson

- 学習目標 韓国語を学んだ経験を話すことができる
- 語彙 本当に、ところで、リスニング/聞き取り、スピーキング/話すこと、塾、か月
  授業に関連する語彙
- 文法 -기 전에, 한테서
- 課題 韓国語の授業についての話を聞く
  韓国語を学んだ経験について話を読んで話す
  韓国語の授業について話して書く

- 学习目标 能够表达学习韩语的经验
- 词汇 真，不过，听力，会话，补习班，个月
  有关上课的词汇
- 语法 -기 전에, 한테서
- 课堂练习 听关于韩语课程的内容
  阅读关于学习韩语经验的文章并说一说
  说一说韩语课的情况并写作

EN

Yuri	The class is really fun, isn't it?
Stefan	Yes, it's fun. But listening is a little difficult.
Yuri	Really? Speaking is difficult for me.
Stefan	Did you learn Korean before coming to Korea?
Yuri	Yes, I attended an educational institute for 3 months. What about you, Stefan?
Stefan	I learned Korean from a Korean friend.

JP

ユリ	授業が本当に面白いでしょう。
シュテファン	はい、面白いです。ところで聞き取りがちょっと難しいです。
ユリ	そうですか。私は話すことが難しいです。
シュテファン	ユリさんは韓国に来る前に韓国語を学びましたか。
ユリ	はい、塾に3か月間通いました。シュテファンさんは。
シュテファン	私は韓国の友達から学びました。

CH

有 莉	课程很有意思吧?
史蒂芬	是啊，很有意思。不过听力有点儿难。
有 莉	是吗? 我觉得会话很难。
史蒂芬	你来韩国之前学过韩语吗?
有 莉	嗯，在补习班学了3个月。你呢?
史蒂芬	我向韩国朋友学过。

문법

1 -기 전에

- This is placed after an action verb stem to show that a certain action happens earlier in time than the fact that is stated before the particle.

  - I take a shower before I sleep.
  - I wash my hands before eating.
  - Be diligent with reviewing the material before taking a test.
  - I make travel plans before I travel.

- 動詞の語幹の後に付きある動作が前に来る事実より時間上先立つ時使う。

  - 寝る前にシャワーをします。
  - ごはんを食べる前に手を洗います。
  - 試験を受ける前に復習を一所懸命してください。
  - 旅行に行く前に旅行の計画を立てます。

- 用于动词词干后，表示某种动作在时间上比前面的事情发生得更早。

  - 睡前洗淋浴。
  - 饭前洗手。
  - 考试前请认真复习。
  - 去旅行前做旅行计划。

2 한테서

- This particle is used with a personal noun when a certain action is initiated from the person. It can also be used interchangeably with '에게서'.

  - I received a letter from my older brother.
  - I borrowed a book from a friend.
  - I learn Korean from my parents.
  - From whom did you receive this present?

- 人を表す名詞と一緒に使いある動作が始まる出発点を表す。'에게서'を使うこともできる。

  - 兄さんから手紙が来ました。
  - 友達から本を借りました。
  - 両親から韓国語を習います。
  - このプレゼントを誰からもらいましたか。

- 与表人的名词一起使用，表示某种动作开始的出发点。可以与'에게서'互换使用。

  - 哥哥来信了。
  - 从朋友那里借了书。
  - 向父母学了韩语。
  - 这个礼物是从谁那里收到的啊?

제2과

제가 영주 씨에게 연락할게요

I will contact Youngju

私がヨンジュさんに連絡します

我会跟英珠联系的

- **Objectives** to be able to send and receive text messages in Korean
- **Vocabulary** text message, to send, to check / to confirm, promise / appointment, place, to be changed
  Vocabulary related to cellphones
- **Grammar** –는데[1], –을게요
- **Task** Listen to a dialogue about using a cellphone and speak
  Read different types of text messages and send one
  Speak and write about your own cellphone

- 学習目標 韓国語で携帯メールを送ったり受けたりできる
- 語彙 携帯メール、送る、確認する、約束、場所、変わる
  携帯電話に関連する語彙
- 文法 –는데[1], –을게요
- 課題 携帯電話の使用について会話を聞いて話す
  いろいろな種類の携帯メールを読んで携帯メールを送る
  自分の携帯電話について話して書く

- 学习目标 能够用韩语收发短信
- 词汇 短信，寄，确认，约定，场所，改变
  有关手机的词汇
- 语法 –는데[1], –을게요
- 课堂练习 听关于手机使用的对话并说一说
  阅读各种短信并寄发短信
  对自己的手机说一说并写作

EN

Yuri	Stefan, I sent you a text message yesterday. Did you check it?
Stefan	No, I slept early last night so I couldn't check it.
Yuri	The appointed place to meet has been changed so that's why I sent you a message.
Stefan	Really? Did you get in contact with Youngju, too?
Yuri	No, I didn't.
Stefan	Then I'll contact Youngju.

JP

ユリ	シュテファンさん、私が昨日携帯メールを送ったんですが確認しましたか。
シュテファン	いいえ、昨日早く寝たので確認できませんでした。
ユリ	約束の場所が変わったので携帯メールを送りました。
シュテファン	そうですか。ヨンジュさんにも連絡しましたか。
ユリ	いいえ、出来ませんでした。
シュテファン	では私がヨンジュさんに連絡します。

CH

有　莉	史蒂芬，我昨天给你发了短信，你收到了吗?
史蒂芬	没有啊，昨天很早就睡觉了，所以没看到。
有　莉	约定的场所改变了，所以给你发了短信。
史蒂芬	是吗? 你也跟英珠联系了吗?
有　莉	没有，还没联系。
史蒂芬	那么我会跟英珠联系的。

문법

1 -는데,-은데/ㄴ데[1]

- This is placed after an action or descriptive verb stem and plays a connecting role in which the first clause serves as a background to introduce the second clause, which is usually a question.
- After an action verb stem, use '-는데'. When a descriptive verb stem ends with a consonant, use '-은데'. When the descriptive verb stem ends with a vowel, use '-ㄴ데'.

- I sent you an email, but did you check it?
- It's hot in Korea these days, but how is the weather in Japan?
- I'm 20 years old, but how old are you, Stefan?
- Youngju, you didn't come to school today. Is there something wrong?

- 動詞、形容詞の語幹の後に付き、前の文章が後の文章を言うための背景になり、導入の役割をする。後の文章には主に質問が来る。
- 動詞の語幹の後には'-는데'を使う。子音で終わる形容詞の語幹の後には'-은데'を使い、母音で終わる形容詞の語幹の後には'-ㄴ데'を使う。

- 私が電子メールを送ったんですが、確認しましたか。
- このごろ韓国は暑いですが、日本の天気はどうですか。
- 私は20歳ですがシュテファンさんは何歳ですか。
- ヨンジュさんが今日学校に来ませんでしたが何かありますか。

- 用于动词、形容词词干后，表示前一句是后一句的背景，起导入作用。后一句主要是提出问题。
- 动词词干后加'-는데'。以辅音结尾的形容词词干后加'-은데'，以元音结尾的形容词词干后加'-ㄴ데'。

- 我给你发了电子邮件，你收到了吗？
- 最近韩国的天气很热，日本天气怎么样？
- 我20岁，史蒂芬你多大呢？。
- 英珠今天没来学校，有什么事吗？

2 -을게요/ㄹ게요

- This is placed after an action verb stem and is used to show the speaker's will or promise concerning the future.
- When the action verb stem ends with a consonant, use '-을게요'. When the action verb stem ends with a vowel, use '-ㄹ게요'.

- I'll call you around 9 o'clock.
- I'll read it first.
- I won't be late tomorrow.
- I'll send you a text message tonight.

- 動詞の語幹の後に使い未来のことについて話者の意志、約束を表す。主語は一人称で、話すときに主に使われる。
- 子音で終わる動詞の語幹の後には'-을게요'を使う。母音で終わる動詞の語幹の後には'-ㄹ게요'を使う。

- 9時ごろ電話します。
- 私が先に読みます。
- 明日は遅れません。
- 今夜携帯メールを送ります。

- 用于动词词干后，表示说话者对未来事情的意志和约定。主语一般由第一人称充当，主要用于口语中。
- 以辅音结尾的动词词干后加'-을게요'，以元音结尾的动词词干后加'-ㄹ게요'。

- 9点左右我会给你打电话。
- 我会先读的。
- 明天我不会迟到的。
- 今天晚上我会给你发短信的。

EN

Useful Telephone Numbers

There are many telephone numbers that exist to help foreigners. The first is the tour information phone line 1330 that gives tour information. This service is always open throughout the year and is free. The second number is 1339, which provides information for emergency medical care and hospitals. You can receive information on hospital services and pharmacies in real-time. Other numbers are the crime report line 112, the fire report line 119, the directory information line 114, and the forecast information line 131.

JP

有用な電話番号

外国人たちに役に立つ電話番号がたくさんあります。

ひとつめは観光情報を知らせてくれる観光案内電話である1330です。24時間年中無休で運用され無料で提供されます。二つ目は緊急医療、病院情報案内電話番号である1339番です。病院診療や薬局についての情報をリアルタイムで知ることができます。また、それ以外の犯罪通報は112番、火災通報は119番で、電話番号案内は114番、気象予報案内は1131番です。

CH

有用的电话号码

能给外国人提供帮助的电话号码有很多。首先，能够提供观光信息的观光指南电话是1330，它提供24小时全天候免费服务。其次，提供急救、医院情报的电话是1339，可以实时了解医院治疗和药店的信息。此外，还有报警电话112，火警电话119，号码查询电话114，气象预报指南电话131。

제 3 과

한국에서 공연을 본 적이 있어요?

Have you ever seen a public performance in Korea?

韓国で公演をみたことがありますか

在韩国看过公演吗?

• **Objectives**	to be able to speak about an experience of watching a public performance
• **Vocabulary**	public performance, once, audience Vocabulary related to viewing something
• **Grammar**	-은 적이 있다, -는군요
• **Task**	Listen to an experience of watching a public performance Read and write about an experience of watching a public performance Speak and write about an experience of watching a public performance

• 学習目標	公演を見た経験を話すことができる
• 語彙	公演、ちょっと/一度、観客 観覧に関連する語彙
• 文法	-은 적이 있다, -는군요
• 課題	公演を見た経験を聞く 公演を見た経験について読んで話す 公演を見た経験を話して書く

• 学习目标	能够表达观看公演的经验
• 词汇	公演，一下，观众 有关观览的词汇
• 语法	-은 적이 있다, -는군요
• 课堂练习	听关于观看公演的经验的对话 阅读关于观看公演的经验的文章并说一说 说一说观看公演的经验并写作

EN

Yuri	Have you ever seen a public performance in Korea?
Stefan	No, I haven't.
Yuri	I went to a concert with my friends last weekend.
Stefan	How was the concert?
Yuri	It was very fun. Here is a picture so take a look.
Stefan	Wow, there are a lot of people in the audience.

JP

ユリ	韓国で公演を見たことがありますか。
シュテファン	いいえ、みたことがないです。
ユリ	私は先週末に友達とコンサートに行きました。
シュテファン	コンサートがどうでしたか。
ユリ	とても面白かったです。ここに写真がありますからちょっと見てみてください。
シュテファン	観客が本当に多いですね。

CH

有　莉	在韩国看过公演吗？
史蒂芬	没有，没看过。
有　莉	我上周末跟朋友一起去看演唱会了。
史蒂芬	演唱会怎么样？
有　莉	非常有意思。这里有照片，你看一下吧。
史蒂芬	观众好多啊！

1 -은/ㄴ 적이 있다

- This is placed after an action verb stem and is used to indicate a past experience of something. When there is no experience, use '-은 적이 없다'. You can use '-은 적이 있다/없다' interchangeable with '-은 일이 있다/없다'.
- When the action verb stem ends with a consonant, use '-은 적이 있다/없다'. When the action verb stem ends with a vowel, use '-ㄴ 적이 있다/없다'.

- I've heard this song before.
- I have tried chicken ginseng broth before.
- I've never learned Korean dance before.
- Have you ever worn a traditional Korean dress?

- 動詞の語幹の後に付き過去に経験したことがあることを表す。過去に経験したことがないときは'-은 적이 없다'を使う。'-은 적이 있다/없다'は'-은 일이 있다/없다'に変えて使うことができる。
- '-은 적이 있다/없다'は子音で終わる動詞の語幹の後に使用し、'-ㄴ 적이 있다/없다'は母音で終わる動詞の語幹の後に使用する。

- この歌を聴いたことがあります。
- 私はサムゲタンを食べたことがあります。
- 私は韓国舞踊を学んだことがありません。
- 韓服を着たことがありますか。

- 用于动词词干后，表示过去具有做过某事的经验。没有做过某事的经验时用'-은 적이 없다'。'-은 적이 있다/없다'可以与'-은 일이 있다/없다'换用。
- 以辅音结尾的动词词干后加'-은 적이 있다/없다'，以元音结尾的动词词干后加'-ㄴ 적이 있다/없다'。

- 我听过这首歌。
- 我吃过参鸡汤。
- 我没有学过韩国舞蹈。
- 你穿过韩服吗？

문법

2 -는군요, 군요

- This is placed after an action or descriptive verb stem and is used to express wonder when you learn new information. It is usually used in spoken form at the moment you see a scene or situation or hear something.
- Use '-는군요' after an action verb stem, and use '-군요' after a descriptive verb stem or after the verb stem of '있다' and '없다'.

- Oh, I see you can eat spicy food very well.
- Wow, this room is quite large.
- Oh, that person is Youngsu's mother.
- Oh, I see you didn't get very much sleep last night.

- 動詞や形容詞の語幹の後に付き新しくわかった事実に感嘆するように話すときに使う。主に話す瞬間ある場面や状況を見たり聴いたりしながら話すときに使う。
- '-는군요'は動詞の語幹の後に使用し、'-군요'は形容詞の語幹や'있다'、'없다'の語幹の後に使う。

- 辛い食べ物をよく召し上がるんですね。
- 部屋が本当に広いですね。
- あの方がヨンスさんのお母さんですね。
- 昨日眠れなかったんですね。

- 用于动词或形容词词干后，表示对新知道事实的感叹。主要用于表达看到或者听到某种场面或情况时的感觉。
- 动词词干后加 '-는군요'，形容词词干或'있다'、'없다' 词干后加'-군요'。

- 你真的很能吃辣的菜啊！
- 房间真宽敞啊！
- 那位就是英洙的妈妈啊！
- 昨晚真的没睡好啊！

EN

The Cultural Life of Korean People

Korean people watch a variety of public performances for their cultural life. When they want to watch a play or see a small concert, they usually go to Daehangno. There are a variety of performances in large and small theaters in Daehangno on a daily basis. There are also large theaters in Seoul as well. There is the Sejong Culture Center at Gwanhwamun, the National Theater of Korea near Namsan, and the Seoul Art Center in the southern part of Seoul. In these places, people can watch a variety of public performances such as plays, concerts, musicals, operas, and recitals. Korean people also enjoy watching movies. And because it is especially difficult to buy a movie ticket on the weekends, people have to reserve their tickets ahead of time through the internet.

JP

韓国人の文化生活

韓国人は文化生活としていろいろな公演を見ます。特に演劇や小さなコンサートを見たいときは普通大学路によく行きます。大学路にある大小の劇場で毎日いろいろな種類の公演をたくさんします。ソウルに大きな劇場も多いです。光化門に世宗文化会館、南山の近くには国立劇場、ソウルの南側には芸術の殿堂があります。そこで演劇、コンサート、ミュージカル、オペラ、音楽会などさまざまな公演を見ることができます。韓国人は映画もよく見ます。特に週末はチケットを買うのがとても大変なため、インターネットであらかじめ予約をしなければなりません。

CH

韩国人的文化生活

韩国人通过观看大量的公演来丰富自己的文化生活。特别是想看戏剧或是小型演唱会时，一般常去大学路。在大学路，每天都有大大小小的各种公演。

在首尔，大型的剧场也很多。在光化门有世宗文化会馆，在南山附近有国立剧场，在首尔南部有艺术殿堂。在那儿可以观看戏剧、演唱会、音乐剧、歌剧、音乐会等公演。

韩国人也经常看电影，尤其是周末时买票很难，所以很多人必须通过网络提前预订。

제4과

내일 야구를 보려고 해요

I plan on watching a baseball game tomorrow

明日野球を見ようと思います

明天打算去看棒球

- **Objectives** to be able to decide on a time and place for an appointment
- **Vocabulary** to start, sports stadium, ticket booth, rough map
  Vocabulary related to appointments
- **Grammar** -고 있다, -으려고 하다
- **Task** Listen to a dialogue of making an appointment and speak
  Read a story about being late to an appointment
  Make an appointment over the phone and send a text message to a friend

- 学習目標 約束の時間と約束の場所を決めることができる
- 語彙 始める、競技場、チケット売り場、略図
  約束に関連する語彙
- 文法 -고 있다, -으려고 하다
- 課題 約束する会話を聞いて話す
  約束に遅れた話を読む
  電話で約束して他の友達に携帯メールを送る

- 学习目标 能够确定约定的时间和场所
- 词汇 开始，竞技场，售票处，示意图
  有关约定的词汇
- 语法 -고 있다, -으려고 하다
- 课堂练习 听关于约定的对话并说一说
  阅读关于约定迟到的内容
  通过电话约定并给其他朋友发短信

EN

Youngju	Hello? Stefan, are you able to talk now?
Stefan	Yes. I'm just resting.
Youngju	I'm going to watch a baseball game tomorrow. Do you want to go with me?
Stefan	Okay. What time does it start?
Youngju	The game starts at 7 o'clock so meet me in front of the ticket booth at 6 o'clock.
Stefan	Then please send me a rough map of the stadium to my cellphone.

JP

ヨンジュ	もしもし、シュテファンさん、今通話大丈夫ですか。
シュテファン	大丈夫です。いま休んでいます。
ヨンジュ	私は明日野球を見ようと思っています。一緒に行かれますか。
シュテファン	いいですよ。何時に始まりますか。
ヨンジュ	7時に始まりますから競技場のチケット売り場の前で6時に会いましょう。
シュテファン	では競技場の略図を携帯電話で送ってください。

CH

英　珠	喂？史蒂芬，现在可以通话吗？
史蒂芬	没关系。我现在正在休息。
英　珠	我明天打算去看棒球。要一起去吗？
史蒂芬	好啊，几点开始呢？
英　珠	7点开始，所以我们6点在售票处前面见面吧。
史蒂芬	那么请把竞技场的示意图用手机发给我吧。

문법

1 -고 있다

- This is placed after an action verb stem and is used to show how a certain action is taking place or continuing.

  - My older sister is reading a book right now.
  - My older brother is studying and my younger brother is watching television.
  - That person who is talking on the phone over there is my mother.
  - I am learning Korean in Korea.

- 動詞の語幹の後に付きある動作が進行中であることや継続されていることを表すときに使う。

  - お姉さんは今本を読んでいます。
  - お兄さんは勉強をしていて、妹はテレビを見ています。
  - そこで電話している人が私の母です。
  - 私は韓国で韓国語を学んでいます。

- 用于动词词干后，表示某种动作正在进行或是持续进行中。

  - 姐姐现在正在读书。
  - 哥哥正在学习，弟弟(妹妹)正在看电视。
  - 正在那儿打电话的是我的妈妈。
  - 我现在正在韩国学习韩语。

2 -으려고/려고 하다

- This is placed after an action verb stem and is used to show a desire or will to perform a certain action.
- When the action verb stem ends with a consonant, use '-으려고 하다'. When the action verb stem ends with a vowel, use '-려고 하다'.

- What time do you want to leave?
- I intend to meet my friend tomorrow.
- I intend to make bibimbab this evening.
- I intend on going to the bank this afternoon to withdraw some money.

- 動詞の語幹の後に付きある動作をする気持ちや意向があるとき使う。
- 動詞の語幹が子音で終わるときは'-으려고 하다'を使い、動詞の語幹が母音で終わるときは'-려고 하다'を使う。

- 何時に出発しようと思いますか。
- 明日友達に会おうと思っています。
- 夕飯にビビンバを作ろうと思っています。
- 私は今日の午後銀行に行ってお金をおろそうと思っています。

- 用于动词词干后，表示完成某种动作的心愿或打算。
- 动词词干以辅音结尾时加'-으려고 하다'，动词词干以元音结尾时加'-려고 하다'。

- 你打算几点出发？
- 我明天打算跟朋友见面。
- 晚上我打算做拌饭。
- 今天下午想去银行取钱。

제5과

퇴근 시간이어서 길이 막힐 것 같아요

I think there will be traffic because it's the time people are leaving their offices

退勤時間だから道が混みそうです

因为是下班时间，所以路上可能会堵车

- **Objectives** to be able to ask about transportation
- **Vocabulary** Daehangno, leaving one's office, road, to be blocked, (subway / bus) line number, to transfer, Hyehwa Station
  Vocabulary related to transportation
- **Grammar** 으로, -는 것 같다
- **Task** Listen to a story about transportation and speak
  Read and speak about a story of using bus
  Speak and write about a method to find a destination

- 学習目標 交通の便を聞くことができる
- 語彙 大学路、退勤、道、混む、号線、乗り換える、恵化駅
  交通に関連する語彙
- 文法 으로, -는 것 같다
- 課題 交通の話を聞いて話す
  バス利用について読んで話す
  目的地にたどりつく方法を話して書く

- 学习目标 能够询问交通情况
- 词汇 大学路(地名)，下班，路，堵塞，号线，换乘，惠化站
  有关交通的词汇
- 语法 으로, -는 것 같다
- 课堂练习 听关于交通情况的对话并说一说
  阅读关于坐公共汽车的故事并说一说
  说一说找到目的地的方法并写作

EN

Yuri	How should we get to Daehangno?
Stefan	There is a bus that can take us there directly so let's ride the bus.
Yuri	I think there will be traffic because it's the time people are leaving their offices.
Stefan	Then shall we take the subway?
Yuri	Yes, that sounds good. But where do we get off?
Stefan	We transfer to Line 4 at Seoul Station and then get off at Hyehwa Station.

JP

ユリ	大学路までどうやって行きましょうか。
シュテファン	一度に行くバスがあるからバスに乗りましょう。
ユリ	今は退勤時間だから道が混みそうです。
シュテファン	では地下鉄に乗りましょうか。
ユリ	はい、いいですよ。ところでどこで降りますか。
シュテファン	ソウル駅で4号線に乗り換えて恵化駅で降ります。

CH

有　莉	到大学路怎么走好呢？
史蒂芬	有一次就能到的公共汽车，我们坐公共汽车吧。
有　莉	因为现在是下班时间，所以路上可能会堵车。
史蒂芬	那么坐地铁好吗？
有　莉	嗯，好啊。不过，在哪儿下呢？
史蒂芬	在首尔站换乘4号线以后，在惠化站下车。

문법

1 으로/로

- This is placed after a noun and is used to show the change or process of transit of a certain action. Usually action verbs that express change (for example: 가다 to go, 오다 to come, 갈아타다 to transfer and ride, 갈아입다 to change clothes, 갈아 신다 to change shoes, or 바꾸다 to exchange) follow the form.
- When the noun ends with a consonant, use '으로'. When the noun ends with a vowel, use '로'.

- Please transfer to the subway line 4 at Seoul Station.
- Because my clothes were uncomfortable, I changed into comfortable ones.
- I took off my dress shoes and changed into sneakers.
- I want to exchange the yellow bag with the red bag.

- 名詞の後に付きある動作の経由や過程、変化を表す。普通後には ' 行く、来る、乗り換える、着替える、履き替える、変える ' のような変化を表す動詞がくる。
- 子音で終わる名詞の後に'으로'を使い母音で終わる名詞の後に'로'を使う。

- ソウル駅で地下鉄4号線に乗り換えてください。
- 服が楽じゃなかったので楽な服に着替えました。
- 靴を脱いで運動靴に履き替えました。
- 黄色いカバンを赤いカバンに変えたいです。

- 用于名词后，表示某种动作的经由或是过程、变化。一般情况下后面加'가다(去)、오다(来)、갈아타다(换乘)、갈아입다(换穿衣服)、갈아 신다(换穿鞋)、바꾸다(改变)'这样表示变化的动词。
- 以辅音结尾的名词后加'으로'，以元音结尾的名词后加'로'。

- 请在首尔站换乘4号线。
- 因为衣服不方便，所以换了一件方便的衣服。
- 脱了皮鞋以后换上运动鞋。
- 我想把黄色的包换成红色的。

2 -는, -은/ㄴ 것 같다

- This is placed after an action or descriptive verb stem and is used to defer a situation by giving a vague guess concerning something of the future, present, or past.
- When a action verb stem ends with '있다' or '없다', use '-는 것 같다'. When a descriptive verb stem ends with a consonant, use '-은 것 같다'. When a descriptive verb stem ends with a vowel, use '-ㄴ 것 같다'. When a guess is being made concerning the future, use '-을/ㄹ 것 같다' after the action or descriptive verb stem.

- I think it's raining outside.
- I think Misun is a little sick.
- I think Stefan returned back to Germany.
- I think the exam coming up will be difficult.

- 動詞、形容詞の語幹の後に付き状況を推し量り、これからのことや、現在のこと、過去のことを漠然と推測する意味を表す。
- 動詞の語幹や'있다'、'없다' の語幹の後には'-는 것 같다'を使う。子音で終わる形容詞の後には'-은 것 같다'を使い母音で終わる形容詞の語幹の後には'-ㄴ 것 같다'を使う。未来や推測を表すとき動詞や形容詞の語幹の後に'-을/ㄹ 것 같다'を使う。

- 外で雨が降りそうです。
- ミソンさんがちょっと具合が悪そうです。
- シュテファンさんがドイツに帰ったようです。
- 今回の試験は難しそうです。

- 用于动词、形容词词干后，表示对将来的事、现在的事或是过去的事进行推测。
- 动词词干或是'있다'、'없다'后加'-는 것 같다'。以辅音结尾的形容词词干后加'-은 것 같다'，以元音结尾的形容词词干后加'-ㄴ 것 같다'。表示对将来的推测时，动词或是形容词词干后加'-을/ㄹ 것 같다'。

- 外面看起来在下雨呢。
- 美善好像生病了。
- 史蒂芬好像回德国了。
- 这次考试似乎会很难。

문화

EN

Public Transportation Transfers

In Korea, when you use a transportation card or credit card when you transfer between the bus or subway, you receive a discount on the fare. You must scan your card at the terminal when you get off. The time period you can transfer is 30 minutes after you get off (1 hour for the time between 9pm to 7am). However, if you get back on a subway after having left already, or get on a bus with the same number, the discount is not applied. In addition, the basic fare is charged with distances of travel up to 10 km, but for every extra 5 km, there is an additional charge of 100 won.

JP

公共交通の乗り換え

韓国で交通カードやクレジットカードを使用してバスや地下鉄駅を乗り換えたら料金が割引になります。必ず降りるときごとに端末機にカードをあてなければなりません。乗りかえ利用の有効時間は下車後30分(21時～翌日07時までは1時間)以内です。しかし地下鉄を出たあとまた地下鉄を利用したり同じ番号のバスを利用するときは乗り換え割引が適用されません。また乗車利用距離によって10kmまで基本料金で、追加で5kmごとに100ウォンずつ料金が追加で付加されます。

CH

换乘大众交通

在韩国，如果使用交通卡或是信用卡换乘公共汽车或是地铁的话，费用可以打折。每次下车时一定要在刷卡器上刷卡，使用换乘的有效时间是下车以后30分钟(21点—翌日7点，有效时间是1个小时)以内。但是，从地铁站出来以后再搭乘地铁或者搭乘同一路公共汽车时，不能享受换乘折扣。此外，搭乘路程在10Km以内都是基本用费，每超过5Km要多交100元韩币。

제 6 과

5분밖에 안 걸려요
It only takes 5 minutes
5分しかかかりません
只要5分钟

- **Objectives** to be able to ask for and give road directions
- **Vocabulary** pedestrian crosswalk, to cross over, straight, more, left side
  Vocabulary related to roads
- **Grammar** -으면, 밖에
- **Task** Listen to a story about finding directions and write
  Read about an experience of finding an appointed location
  Give directions and write

- 学習目標 道を探す方法を聞いて答えられる
- 語彙 横断歩道、渡る、まっすぐ、もっと、左側
  道に関連する語彙
- 文法 -으면, 밖에
- 課題 道を探す話を聞いて書く
  約束の場所を探す経験談を読む
  道を説明して書く

- 学习目标 能够询问并回答找路的方法
- 词汇 人行横道，通过，一直，更多，左边
  有关道路的词汇
- 语法 -으면, 밖에
- 课堂练习 听关于问路的内容并写作
  阅读关于寻找约定场所的经验谈
  说明道路并写作

EN

Stefan	Excuse me, how can I get to the Daehangno theater?
Lady	Go across that pedestrian crosswalk over there and go straight.
Stefan	After crossing the street, how much more do I go?
Lady	If you go about 50m, the theater is on the left side.
Stefan	How long does it take from here?
Lady	It only takes 5 minutes.

JP

シュテファン	失礼ですが、大学路劇場までどうやっていきますか。
おばさん	あの横断歩道を渡ってまっすぐ行ってください。
シュテファン	道を渡ってどのくらいもっと行きますか。
おばさん	50mくらいもっと行ったら左側に劇場があります。
シュテファン	ここから何分くらいかかりますか。
おばさん	5分しかかかりません。

CH

史蒂芬	打扰一下，去大学路剧场怎么走呢？
大　妈	通过那个人行横道以后一直走。
史蒂芬	过马路之后还要再走多远呢？
大　妈	接着再走50米左右的话，剧场就在左边了。
史蒂芬	从这儿出发大概要几分钟？
大　妈	只要5分钟。

문법

1 -으면/면

- This is placed after an action or descriptive verb stem to show the condition for the statement that follows the form.
- When the action or descriptive verb stem ends with a consonant, use '-으면'. When the verb stem ends with a vowel, use '-면'.

- If you are in a lot of pain, go to the hospital.
- If you don't like this, exchange it for something else.
- If the weather is good over the weekend, let's go to Seorak Mountain.
- I am going to get a job when I graduate from college.

- 動詞、形容詞の語幹の後につき内容についての条件を表す。
- '-으면'は子音で終わる動詞や形容詞の語幹の後に使い、'-면'は母音で終わる動詞や形容詞の語幹の後に使う。

- 具合が悪かったら病院にいってください。
- これがいやならほかの物に変えてください。
- 週末に天気が良かったら雪岳山に行きましょう。
- 大学を卒業したら就職するつもりです。

- 用于动词、形容词词干后，表示后句内容的条件。
- 以辅音结尾的动词或形容词词干后加'-으면'，以元音结尾的动词或形容词词干后加'-면'。

- 如果很疼的话，就去医院吧。
- 如果不喜欢这个，就换别的吧。
- 如果周末天气好的话，就一起去雪岳山吧。
- 如果大学毕业的话，就要找工作。

2 밖에

- This is placed after a noun and is used when there is limit for the content of the statement. Only a negative expression may follow this form.

  - I only drink coffee in the mornings.
  - I only have 1,000 won in my wallet.
  - Only 2 costumers have come.
  - I could only prepare a little amount of food.

- 名詞の後に付きその内容でだけ限定するときに使う。後には否定を現す表現だけくることができる。

  - 朝にコーヒーしか飲みません。
  - 財布に1000ウォンしかありません。
  - お客さんが二人しか来ませんでした。
  - 食べ物を少ししか準備しませんでした。

- 用于名词后，表示只对这部分内容进行限定。后面只能加否定形式。

  - 我早上只喝咖啡。
  - 钱包里只有1000元韩币。
  - 只来了两位客人。
  - 只准备了一点儿菜。

제 7 과

오후에 뭘 할 거예요?

What will you do in the afternoon?

午後に何をするつもりですか

你下午要做什么?

- **Objectives** to be able to talk about your plans
- **Vocabulary** to be excited, to play/to hang out with, not much
  Vocabulary related to holidays
- **Grammar** -게, -을 거예요[1]
- **Task** Listen to a story about plans and speak
  Read and write about a story on plans
  Speak about travel plans

- 学習目標 計画を話すことができる
- 語彙 楽しい、遊ぶ、別に
  休日に関連する語彙
- 文法 -게, -을 거예요[1]
- 課題 計画の話を聞いて話す
  計画の話を読んで書く
  旅行の計画を話す

- 学习目标 能够表达计划
- 词汇 兴奋，玩儿，没有什么
  有关假日的词汇
- 语法 -게, -을 거예요[1]
- 课堂练习 听关于计划的对话并说一说
  阅读关于计划的文章并写作
  说一说旅行计划

EN

Shaoming	What did you do yesterday after class?
Yuri	I had a great time playing with friends after class.
Shaoming	I slept early because I was tired.
Yuri	What are you going to do this afternoon?
Shaoming	I'm going shopping. Do you want to go with me?
Yuri	Okay. I don't have much to do this afternoon, so I'll go with you.

JP

シャオミン	昨日授業が終わってから何をしましたか。
ユリ	授業が終わってから友達と楽しく遊びました。
シャオミン	私は疲れたので早く寝ました。
ユリ	今日は午後に何をするつもりですか。
シャオミン	ショッピングをするつもりです。ユリさんも一緒に行きましょうか。
ユリ	いいですね。午後にすることが別にないから一緒に行きましょう。

CH

小　明	你昨天下课后做什么了?
有　莉	下课以后跟朋友一起玩儿得很开心。
小　明	我因为很累，所以很早就睡觉了。
有　莉	你今天下午要做什么呢?
小　明	我要去买东西。有莉你也要一起去吗?
有　莉	好啊，下午没有什么事情，一起去吧。

문법

1 -게

- This is placed after a descriptive verb stem to show the method and extent of an action that follows.

  - Please speak loudly.
  - I cut my hair short because it's hot.
  - I had fun playing with my friends yesterday.
  - Where can I go to buy clothes at a cheap price?

- 形容詞の語幹の後に付き、その後に出てくる動作の方式、程度などを表す。

  - ちょっと大きく話してください。
  - 暑いので髪を短く切りました。
  - 昨日友だちと楽しく遊びました。
  - どこにいったら服を安く買えますか。

- 用于形容词词干后，表示后面发生动作的方式、程度等。

  - 请大声一点儿说话。
  - 因为天气很热，所以把头发剪短了。
  - 昨天跟朋友们一起玩儿得很开心。
  - 去哪儿能更便宜地买到衣服呢？

2 -을/ㄹ 거예요[1]

- This is placed after an action verb stem and is used to show the plans or will of the speaker or to ask the listener his/her will.
- When the action verb stem ends with a consonant, use '-을 거예요'. When the action verb stem ends with a vowel, use '-ㄹ 거예요'.

- What will you do for the holiday?
- I'm going to sleep early because I'm tired.
- I will read a book at home in the afternoon.
- I will go to meet a friend after class.

- 動詞の語幹の後に付き話す人の計画、意志を表したり相手の意志を聞くときに使う。
- 語幹が子音で終わるときは'-을 거예요'を使い、語幹が母音で終わるときは'-ㄹ 거예요'を使う。

- 休日に何をするつもりですか。
- 今日は疲れたので早く寝るつもりです。
- 午後に家で本を読むつもりです。
- 授業が終わったら友達に会いに行くつもりです。

- 用于动词词干后，表示说话人的计划、意志或是询问对方的想法。
- 以辅音结尾的词干后加'-을 거예요'，以元音结尾的词干后加'-ㄹ 거예요'。

- 休假你要做什么？
- 我今天很累，所以要早点儿睡觉。
- 我下午要在家里看书。
- 我下课以后要跟朋友见面。

제8과

비빔밥을 드셔 보세요

Try the bibimbab

ビビンバを召し上がってみてください

请尝一下拌饭

- **Objectives** to be able to recommend food
- **Vocabulary** menu, to choose, red pepper paste, to put in
  Vocabulary related to food ingredients
- **Grammar** 르 동사, -어 보다[1]
- **Task** Listen to a suggestion for food (a meal) and speak
  Read a story about restaurant food and suggest a meal
  Write about a food you like and introduce it

- 学習目標 食べ物を勧めることができる
- 語彙 メニュー(献立)、選ぶ、コチュジャン(唐辛子味噌)、入れる
  飲み物の材料に関連する語彙
- 文法 르 동사, -어 보다[1]
- 課題 食べ物を勧める会話を聞いて話す
  食堂の食べ物について読んで食べ物を勧める
  好きな食べ物を書いて紹介する

- 学习目标 能够提出饮食的建议
- 词汇 菜单，选择，辣椒酱，放入
  有关食材的词汇
- 语法 르 동사, -어 보다[1]
- 课堂练习 听提出饮食建议的对话并说一说
  阅读关于餐厅的饮食的故事并提出饮食建议
  写写自己喜欢的菜并介绍一下

EN

Yuri	It's too hard to choose a dish because there is too much on the menu.
Youngju	What kind of food do you like, Yuri?
Yuri	I like food made with vegetables.
Youngju	Then try the bibimbab.
Yuri	How does it taste? Isn't it spicy?
Youngju	If you put in just a little bit of red pepper paste, it's not spicy.

JP

ユリ	メニューに食べ物がとても多くて選ぶのが大変です。
ヨンジュ	ユリさんはどんな食べ物が好きですか。
ユリ	私は野菜で作った食べ物が好きです。
ヨンジュ	ではビビンバを召し上がってみてください。
ユリ	味はどうですか。辛くないですか。
ヨンジュ	コチュジャンを少しだけ入れたら辛くないです。

CH

有　莉	菜单上的菜太多了，很难选择。
英　珠	你喜欢什么样的菜呢？
有　莉	我喜欢用蔬菜做的菜。
英　珠	那么尝一下拌饭吧。
有　莉	它的味道怎么样？不辣吗？
英　珠	如果少放一点儿辣椒酱的话，就不辣了。

문법

1 르 동사

- The 르 verbs are action or descriptive verbs with a stem that ends with '르', such as 다르다 to be different, 빠르다 to be fast, 모르다 to not know, 부르다 to call, 고르다 to choose, or 자르다 to cut.
- When a word ending that follows the 르 verb begins with 'ㅓ' or 'ㅏ', the vowel 'ㅡ' is dropped and an additional 'ㄹ' is added. At this time, when the verb stem ends with vowels other than 'ㅏ' or 'ㅗ', use 'ㅓ'. When the verb stem ends with 'ㅓ' or 'ㅏ', use 'ㅏ'.

- I sing Korean songs often.
- I don't know Korean so I spoke in English.
- During the time when people go to work, the subway is faster than bus.
- I cut my hair at a hair salon that is near school.

- 르動詞は動詞の語幹が'르'で終わる動詞や形容詞(다르다「違う」, 빠르다「早い」, 모르다「分からない」, 부르다「呼ぶ、歌う、(お腹が)いっぱいだ」, 고르다「選ぶ」, 자르다「切る」など)を言う。
- '르'動詞は後に'ㅓ, ㅏ'で始まる語尾が来ると母音'ㅡ'がなくなる。そして'ㄹ'がひとつ追加される。このとき動詞の語幹が'ㅏ, ㅗ'以外の母音で終わると'ㅓ'を使い動詞の語幹が'ㅏ, ㅗ'で終わると'ㅏ'を使う。

- 私は韓国の歌をよく歌います。
- 韓国語を知らないので英語で話しました。
- 出勤時間にはバスより地下鉄が早いです。
- 学校の近所にある美容室で髪を切りました。

- 르动词指的是动词词干以'르'结尾的动词和形容词(다르다(不同)、빠르다(快)、모르다(不知道)、부르다(唱)、고르다(选择)、자르다(剪断)等)。
- 르动词后如果遇到以'ㅓ、ㅏ'开头的词尾，就去掉元音'ㅡ'，再加上一个'ㄹ'。然后动词的词干以除了'ㅏ、ㅗ'以外的元音结尾时，加上'ㅓ'。动词词干以元音'ㅏ、ㅗ'结尾时，加上'ㅏ'。

- 我经常唱韩语歌。
- 因为我不会韩语，所以说英语。
- 上班时间坐地铁比坐公共汽车快。
- 在学校附近的美发店剪了头发。

문법

2 -어/아/여 보다[1]

- This is placed after an action verb stem to show the intention of trying something you have never tried before.
- When the action verb stem ends with a vowel other than 'ㅏ' or 'ㅓ', use'-어 보다'. When the action verb stem ends with 'ㅏ' or 'ㅓ', use '-아 보다'. When the action verb stem ends with '하다', use '-여 보다'. The '하여' is usually changed to '해'.

- I want to travel the world.
- Please try the food that I made.
- These clothes are very pretty. Can I try them on?
- This book is fun so please try to read it.

- 動詞の語幹の後に付き、したことがないことを試みることを表す。
- 'ㅏ, ㅓ'以外の母音で終わる動詞の語幹の後には'-어 보다'を使い、'ㅏ, ㅗ'で終わる動詞の語幹の後には'-아 보다'を使う。'하다'が付く動詞の語幹の後には'-여 보다'を使うが、普通'하여'は短くして'해'にして使う。

- 世界旅行をしてみたいです。
- 私が作った食べ物を召し上がってみてください。
- 服が本当にかわいいのですが、着てみることはできますか。
- この本が面白いので一度読んでみてください。

- 用于动词词干后，表示尝试去做没有做过的事情。
- 除了以元音'ㅏ、ㅗ'结尾的动词词干以外，以其他元音结尾的动词词干后加'-어 보다'。以元音'ㅏ、ㅗ'结尾的动词词干后加'-아 보다'。词干后是'하다'的加'-여 보다'，一般把'하여'缩写成'해'。

- 我想去环球旅行。
- 请尝尝我做的菜。
- 衣服真的很漂亮，能试穿一下吗？
- 这本书很有意思，请读读吧。

문화

EN

Korea's Dining Culture

The meal table for a Korean consists of rice, soup, and several kinds of side dishes. At times there is a stew on the table, where stew is different from soup because it has less liquid and more solid ingredients. Also, when Koreans eat food, they use chopsticks and a spoon. In Korea, people eat rice and soup with a spoon, and all other foods with chopsticks. They do not lift their rice or soup bowl and drink it from the bowl but use a spoon to take in the food. The chopsticks of Korea are slightly heavy, small, and relatively sharp.

JP

韓国の食事文化

韓国人のお膳には御飯、汁物、そして何種類かのおかずがあります。たまにチゲがお膳にのることもありますが、チゲは汁物(グク)とは違い水が少なく具が多いです。そして韓国人は御飯を食べるとき箸とスプーンを使います。韓国では御飯と汁物はスプーンで、他の食べ物は箸で食べます。そしてご飯茶碗や汁のお椀を持って食べず、お膳の上においてスプーンですくって食べます。韓国の箸は少し重く、小さくて端が比較的とがっています。

CH

韩国的饮食文化

在韩国人的饭桌上有米饭、汤还有各种小菜。偶尔还有炖汤，然而炖汤和普通的汤不一样，炖汤中的材料更多一些。此外，韩国人吃饭的时候会使用筷子和勺子。在韩国，吃饭和喝汤都要用勺子，吃其他的菜用筷子。吃饭时，饭碗或汤碗不能拿起来，只能放在桌子上用勺子吃。韩国的筷子有一点儿重而且小，筷子尖儿比较细。

제9과

떡볶이를 먹은 후에 팥빙수를 먹읍시다
Let's eat Patbingsu after eating Topokki
トッポキを食べた後にパッピンスを食べましょう
吃完炒年糕后去吃红豆刨冰吧

- **Objectives** to be able to speak about Korea's street food culture
- **Vocabulary** to be urgent, to come into being, thought / idea
  Vocabulary related to street food
- **Grammar** -겠-, -은 후에
- **Task** Listen to a dialogue about street food
  Read and speak about a story on street food
  Speak and write about your country's street food

- 学習目標 韓国の屋台の食べ物文化について話すことができる
- 語彙 急だ、できる、考え
  屋台の食べ物に関連する語彙
- 文法 -겠-, -은 후에
- 課題 屋台の食べ物についての会話を聞く
  屋台の食べ物についての話を読んで話す
  自分の国の屋台の食べ物について話して書く

- 学习目标 能够说说韩国街边的饮食文化
- 词汇 紧急，发生，想法
  有关街边小吃的词汇
- 语法 -겠-, -은 후에
- 课堂练习 听关于街边小吃的对话
  阅读关于街边小吃的对话并说一说
  谈谈自己国家的街边小吃并写作

EN

Youngju	Something urgent came up so I couldn't eat lunch.
Yuri	You must be very hungry.
Youngju	Do you want to eat topokki over there together?
Yuri	I also want a refreshing patbingsu.
Youngju	Then let's eat patbingsu after eating topokki.
Yuri	That's a good idea. Let's hurry and go.

JP

ヨンジュ	急な用事ができて昼ごはんを食べられませんでした。
ユリ	とてもお腹が空いたでしょうね。
ヨンジュ	あそこで一緒にトッポキを食べましょうか。
ユリ	私はさっぱりしたパッピンスも食べたいです。
ヨンジュ	ではトッポキを食べた後にパッピンスを食べましょう。
ユリ	いい考えですね。早く行きましょう。

CH

英　珠	发生点儿急事，我不能吃午饭了。
有　莉	那你肚子会饿的。
英　珠	那一起在那边吃炒年糕怎么样？
有　莉	我还想吃凉快点儿的红豆刨冰。
英　珠	那么我们吃完炒年糕后吃红豆刨冰吧。
有　莉	好主意。快点儿走吧。

문법

1 -겠-

- This is placed after an action or descriptive verb stem to show the speaker's guess. Endings such as '-습니다/ㅂ니다', '-어요/아요/여요', '-고', '-지만' may follow the '-겠-'. You can also use this form when guessing completed tasks by using '-었겠-/았겠-/였겠-'.

- Yuri, you must have a lot of free time since it's vacation time.
- Youngju must be tired because of so much work at her company these days.
- Michael, you must be happy that your parents have come to Korea.
- Stefan, you must have been happy to have received so many birthday gifts yesterday.

- 動詞、形容詞の語幹の後に付き話す人の推測を表す。'-겠-'の後には'-습니다/ㅂ니다'、'-어요/아요/여요'、'-고'、'-지만'などの語尾が来ることができる。'-었겠-/았겠-/였겠-'と一緒に完了した事実を推測するときも使うことができる。

- ユリさん、休みなので暇でしょうね。
- ヨンジュさんがこのごろ会社の仕事が多くて疲れているでしょう。
- マイケルさん、ご両親が韓国に来られて嬉しいでしょうね。
- シュテファンさん、昨日誕生日プレゼントをたくさんもらって気分がよかったでしょう。

- 用于动词、形容词词干后，表示说话人的推测。'-겠-'的后面可以用'-습니다/ㅂ니다'、'-어요/아요/여요'、'-고'、'-지만'等词尾。'-었겠-/았겠-/였겠-'表示对已经完了的事情的推测。

- 有莉，放假了你应该很闲吧。
- 英珠最近公司的事儿很多，一定很累。
- 麦克，你父母来韩国了，一定很开心吧。
- 史蒂芬，你昨天收到那么多的生日礼物，心情一定很好吧。

2 -은/ㄴ 후에

- This is placed after an action verb stem and is used when after a certain action has passed, a different action continues.
- When the action verb stem ends with a consonant, use '-은 후에'. When the action verb stem ends with a vowel, use 'ㄴ 후에'.

- After we have eaten lunch, let's drink coffee.
- After we have finished reading the book, let's clean up.
- After I finished all my homework, I played with my friends.
- What will you do after the class is finished?

- 動詞の語幹の後に付きある動作をして時間的に後に他の動作が続くとき使用する。
- '-은 후에'は子音で終わる動詞の語幹の後に使用し、'ㄴ 후에'は母音で終わる動詞の語幹の後に使用する。

- お昼ごはんを食べた後にコーヒーを飲みます。
- 本を全部読んだ後に掃除をしましょう。
- 宿題を全部した後に友達と遊びました。
- 授業が終わった後に何をしますか。

- 用于动词词干后，表示做了某个动作之后，紧接着又做了另一个动作。
- '-은 후에'用于以辅音结尾的动词词干后，'ㄴ 후에'用于以元音结尾的动词词干后。

- 吃完午饭后喝咖啡。
- 读完书之后一起来打扫吧。
- 做完作业后和朋友一起玩儿了。
- 你上完课之后要干什么呢？

EN

Seoul's Food Alleys

In Korea, there are food alleys ('let's eat alley')with many restaurants that serve similar kinds of food. At the Mapo Station on Subways Line 5, there is the Mapo Galbi Alley where many restaurants serve Korean ribs. Near Gwanghwamun Station on Subway Line 5 is the Chungjindong Haejangguk alley. At Shindang Station on Line 2, there is an alley for topokki, at Shinlim Station there is a Korean sausage alley. There is an alley for grilled meat at Majangdong on Line 5. And at Dongguk University Station on Line 3, there is the Jangchoongdong pigs' feet alley.

JP

ソウルの美味しいお店通り

韓国には同じ食べ物を売る食堂がたくさん集まっている美味しい店通り(食べよう通り)があります。地下鉄5号線の麻浦駅にはカルビ屋がたくさんある麻浦カルビ通りがあります。地下鉄5号線光化門の近くには清進洞ヘジャングク通りが、武橋洞ナクチ(テナガダコ)通りがあります。地下鉄2号線新堂駅にはトッポキ通りがあり、新林駅にはスンデ通りがあります。5号線馬場洞には焼肉通りがあります。そして3号線東大入り口駅には奨忠洞豚足通りがあります。

CH

首尔的美食街

在韩国有一些聚集着很多贩卖相同食物的饭店的美食街(小吃街)。地铁5号线麻浦站有聚集着很多排骨店的麻浦排骨一条街。地铁5号线光化门附近有清进洞醒酒汤一条街，武桥洞章鱼一条街。地铁2号线新堂站有炒年糕一条街，新林站有猪血肠一条街。5号线马场洞有烤肉一条街。还有3号线东大入口站的奖忠洞猪蹄一条街。

제10과

저는 심심할 때 친구들과 노래방에 자주 와요

I often go to the singing room with my friends when I am bored

私は退屈なとき友達とカラオケによく来ます

我无聊的时候经常和朋友们一起来练歌房

- **Objectives** to be able to speak about your leisure life
- **Vocabulary** to be bored, to practice, popular song
  Vocabulary related to leisure life
- **Grammar** -을 때, -으려고
- **Task** Listen to an experience of going to a jjimjilbang
  Read and write about an introduction to a place worth visiting in Korea
  Speak and write about a place you visited in Korea

- 学習目標 余暇生活を話すことができる
- 語彙 退屈だ、練習する、歌謡
  余暇生活に関連する語彙
- 文法 -을 때, -으려고
- 課題 チムチルバンに行った経験談を聞く
  韓国で行ってみる価値がある場所を紹介する文を読んで書く
  韓国で行ったことがある場所での経験談を話して書く

- 学习目标 能够说说业余生活
- 词汇 无聊，练习，歌曲
  有关业余生活的词汇
- 语法 -을 때, -으려고
- 课堂练习 听听关于去桑拿房的经验谈
  阅读介绍韩国值得去的地方的文章并写作
  说说在韩国去过的地方的经验并写作

EN

Stefan	I come to the singing room with my friends when I'm bored.
Yuri	I come to the singing room often, too, because I like it.
Stefan	Do you have a Korean song that you know?
Yuri	Yes, I sang it a lot to practice Korean.
Stefan	What kind of songs do you like?
Yuri	I like exciting popular songs.

JP

シュテファン	私は退屈なとき友達とカラオケによく来ます。
ユリ	私も歌が好きなのでよく来ます。
シュテファン	知っている韓国の歌はありますか。
ユリ	はい、韓国語を練習しようと思ってたくさん歌いました。
シュテファン	どんな歌が好きですか。
ユリ	私は楽しい歌謡が好きです。

CH

史蒂芬	我无聊的时候经常和朋友们一起来练歌房。
有　莉	我因为很喜欢音乐，也经常来。
史蒂芬	你有会唱的韩语歌吗？
有　莉	有啊，为了练习韩语我经常唱。
史蒂芬	你喜欢什么样的歌曲呢？
有　莉	我喜欢欢快的歌曲。

1 -을/ㄹ 때

- This is placed after an action or descriptive verb stem to show the moment when a certain thing happens or when a certain action or state is continuing.
- When the action or descriptive verb stem ends with a consonant, use '-을 때'. When the action or descriptive verb stem ends with a vowel, use '-ㄹ 때'.

- I listen to music when I study.
- Stefan, what do you do when you have spare time?
- When I miss my hometown, I call my parents.
- When you entered the classroom, who was there?

- 動詞や形容詞の語幹の後に付きあることが起こっている瞬間やある動作や状態が継続されている間を表す。またある条件や状況が表れるときも使える。
- '-을 때'は子音で終わる動詞や形容詞の語幹の後に使用し、'-ㄹ 때'は母音で終わる動詞や形容詞の語幹の後に使用する。

- 私は勉強するとき音楽を聴きます。
- シュテファンさんは暇なとき何をしますか。
- 故郷が懐かしいとき両親に電話をします。
- 教室に入ってきたとき誰がいましたか。

- 用于动词或形容词词干后，表示某件事情发生的瞬间或某个动作、状态持续的期间。也用于表示某种条件或情况。
- '-을 때'用于以辅音结尾的动词或形容词词干后，'-ㄹ 때'用于以元音结尾的动词或形容词词干后。

- 我学习的时候听音乐。
- 史蒂芬，你空闲的时候干什么？
- 我想家的时候就给父母打电话。
- 你进教室的时候谁在里面？

2 -으려고/려고

- This is placed after an action verb stem to show that the content before the form is the intention or goal for the action that comes after. This cannot be used in the imperative or suggestive form.
- When the action verb stem ends with a consonant, use '-으려고'. When the action verb stem ends with a vowel, use '-려고'.

- I study hard to become a teacher.
- I bought a cake to give to my friend.
- I am saving my money to buy a computer.
- I made a passport to travel overseas.

- 動詞の語幹に付き前の内容が後の行動の意図や目的であることを表す。命令文や勧誘文には使えない。
- '-으려고'は子音で終わる動詞の語幹の後に使用し、'-려고'は母音で終わる動詞の語幹の後に使用する。

- 先生になろうと思い一所懸命勉強します。
- 友達にあげようと思ってケーキを買いました。
- コンピュータを買おうと思ってお金を集めています。
- 海外旅行に行こうと思ってパスポートを作りました。

- 用于动词词干后，表示前面的内容是后面行动的意图或目的。不能用于命令句或共动句。
- '-으려고'用于以辅音结尾的动词词干后，'-려고'用于以元音结尾的动词词干后。

- 我为了成为老师而努力地学习。
- 我为了送东西给朋友所以买了蛋糕。
- 我为了买电脑，所以在存钱。
- 我为了去国外旅游而办了护照。

제 11 과

내 취미는 사진 찍기야

My hobby is taking pictures

私の趣味は写真を撮ることよ

我的爱好是摄影

- **Objectives** to be able to talk about your hobby
- **Vocabulary** you, hobby, my, your, uh-huh, to have free time
  Vocabulary related to hobby activities
- **Grammar** -어, 이야
- **Task** Listen to a dialogue about hobbies
  Read and speak about a story on hobbies
  Write and speak about your hobby

- 学習目標 趣味について話すことができる
- 語彙 きみ、趣味、私の、きみの、うん、暇だ
  趣味活動に関連する語彙
- 文法 -어, 이야
- 課題 趣味についての会話を聞く
  趣味の話を読んで話す
  自身の趣味について話して書く

- 学习目标 能谈谈兴趣爱好
- 词汇 你，爱好，我的，你的，嗯，空闲
  有关兴趣活动的词汇
- 语法 -어, 이야
- 课堂练习 听关于兴趣爱好的对话
  阅读关于爱好的材料并说一说
  说一说自己的兴趣爱好并写作

EN

Stefan	Youngju, what's your hobby?
Youngju	My hobby is taking pictures. What's yours?
Stefan	I like taking pictures as well as hiking.
Youngju	Have you ever gone hiking in Korea?
Stefan	Uh-huh, I go often because there are many mountains near Seoul. I'm going tomorrow.
Youngju	I have some free time tomorrow so let's go together.

JP

シュテファン	ヨンジュ、きみの趣味は何？
ヨンジュ	私の趣味は写真を撮ることよ。きみの趣味は何？
シュテファン	ぼくは写真を撮ることも好きだし登山もすきだよ。
ヨンジュ	韓国でも登山をしたことがある？
シュテファン	うん、ソウルの近くに山が多いからよく行くんだ。明日も行くよ。
ヨンジュ	明日は私も暇だから一緒に行こうよ。

CH

史蒂芬	英珠，你的爱好是什么？
英　珠	我的爱好是摄影。你的爱好是什么呢？
史蒂芬	我既喜欢摄影，也喜欢爬山。
英　珠	你在韩国也爬过山吗？
史蒂芬	嗯，首尔附近有很多的山所以经常去。明天也打算去。
英　珠	我明天也有空，一起去吧。

문법

1 -어/아/여

- This informal ending used in casual speech is placed after an action or descriptive verb stem. The form remains the same for declarative, imperative, and suggestive sentences, which can be distinguished by the intonation. It is mostly used when speaking with friends or juniors, and even very close seniors.
- When the action or descriptive verb stem ends with a vowel other than '아, 오', use '-어'. When the verb stem ends with '아 or 오', use '-아'. When the verb stem ends with '하다', use '-여', where '하여' is changed to '해'.

- This purse is too expensive.
- Don't talk during class time.
- Study with me at the library together.
- What did you do last weekend?

- 動詞、形容詞の語幹の後に付く非格式体パンマルの終結語尾である。平叙形、疑問形、命令形、勧誘系の形態が同一で、イントネーションによって区別される。主に友達や目下の人に使うが、とても親しい目上の人にも使う。
- '-어'は'아, 오'以外の母音で終わる動詞や形容詞の語幹の後に使い、'-아'は'아, 오'で終わる動詞や形容詞の語幹の後に使い、'-여'は'하다'が付く動詞や形容詞の語幹の後に使用する。主に'하여'は縮めて'해'として使う。

- このカバンはとても高い。
- 授業時間に騒ぐな。
- 明日は一緒に図書館で勉強をしよう。
- 先週末に何したの。

- 用于动词、形容词词干后的非格式体非敬语形式句尾。不区分陈述句、疑问句、命令句、共动句的形式，一般根据语调的不同来进行区分。主要用于朋友和晚辈之间，有时也可用于十分亲近的长辈。
- '-어'用于除'아、오'以外的元音结尾的动词或形容词词干后，'-아'用于以'아、오'结尾的动词或形容词词干后，'-여'用于以'하다'结尾的动词或形容词词干后，'하여'一般简写为'해'。

- 这个包太贵了。
- 上课时间不要吵闹！
- 明天一起去图书馆学习吧。
- 上周末都干什么了？

문법

2 -이야/야

- This informal ending is placed after a noun and is used with declarative and interrogative sentences in the same form. It is mostly used when speaking with friends or juniors, and even very close seniors.
- When the noun ends with a consonant, use '이야'. When the noun ends with a vowel, use '야'.

  - This is my school.
  - My older sister is a school teacher.
  - What time is it now?
  - I'm going to go on a trip with my friends this Saturday.

- 名詞の後に使われる非格式体終結語尾だ。平叙形、疑問形の形態が同一だ。主に友達や目下の人に使うが、とても親しい目上の人にも使用する。
- '이야'は子音で終わる名詞の後に付き、'야'は母音で終わる名詞の後に使用する。

  - ここがまさに私の学校だ。
  - 私の姉は学校の先生だ。
  - 今何時？
  - 今週の土曜日に友達と旅行に行くんだ。

- 用于名词后的非格式体非敬语形式句尾。陈述句和疑问句的形式相同。主要用于朋友和晚辈之间，有时也可用于关系十分亲近的长辈。
- '이야'用于以辅音结尾的名词后，'야'用于以元音结尾的名词后。

  - 这里就是我们学校。
  - 我姐姐是学校老师。
  - 现在几点了？
  - 这周六我要和朋友去旅行。

EN

The Hobbies of Koreans

Among the hobbies that Koreans enjoy, hiking is the most popular with 9%. Next is reading books at 8.3%, listening to music at 7.8%, and playing computer games at 5.4%. Statistics show that hiking is enjoyed by men over 40 years old; reading is enjoyed by women in the 30-40's; listening to music is a common hobby for women in their 20's; and playing computer games is enjoyed by men who are in their teens and twenties. As for sports that Koreans enjoy, soccer was the most popular with 15.2%. Next was hiking at 7.4%, basketball at 6.4%, and walking at 5.8%.

(Source; Gallup Korea)

JP

韓国人の趣味

韓国人が楽しむ趣味は登山が9%で一番多く、そのつぎに読書(8.3%)、音楽鑑賞(7.8%)、コンピューターゲーム(5.4%)などの順と出ました。登山は40歳以上の男性が、読書は30-40代の女性が、音楽鑑賞は20代の女性が、コンピューターゲームは10-20代の男性が好むという結果が出ました。そして韓国人が好きな運動はサッカーが15.2%と一番人気がありその次に登山(7.4%)、バスケットボール(6.4%)、ウォーキング(5.8%)などの順となりました。

(資料出処:韓国ギャロップ)

CH

韩国人的爱好

韩国人的爱好中以登山(9.0%)为最多，接下来的顺序是读书(8.3%)、音乐鉴赏(7.8%)、电脑游戏(5.4%)等。其中登山以40岁以上的男性，读书以30-40岁左右的女性，音乐鉴赏以20岁左右的女性，电脑游戏以10-20岁左右的男性为最多。另外，韩国人喜欢的运动项目中足球以15.2%的比例占有很高的人气，其次是登山(7.4%)、篮球(6.4%)、徒步(5.8%)等。

(资料出处:韩国盖洛普)

제12과

한국 차를 사고 싶은데요

I want to buy Korean tea

韓国のお茶を買いたいんですが

我想买韩国的茶

• **Objectives**	to be able to recommend a place for shopping
• **Vocabulary**	tea, market, Namdaemun Marketplace, cash, to be comfortable Vocabulary related to shopping places
• **Grammar**	-는데요, 이나
• **Task**	Listen to a story about shopping and speak Read about different places for shopping in Korea Speak and write about a famous place for shopping in your country

• 学習目標	ショッピングする場所を推薦することができる
• 語彙	茶、マート、南大門市場、現金、楽だ ショッピングの場所に関連する語彙
• 文法	-는데요, 이나
• 課題	ショッピングスポットの話を聞いて話す 韓国のいろいろなショッピングスポットについての文章を読む 自分の国の有名なショッピングスポットについて話して書く

• 学习目标	能够推荐购物的场所
• 词汇	茶，超市，南大门市场，现金，方便 有关购物场所的词汇
• 语法	-는데요, 이나
• 课堂练习	听关于购物场所的对话并说一说 阅读关于韩国各种购物场所的介绍 说说自己国家有名的购物场所并写作

EN

Shaoming	I want to buy some Korean tea.
Stefan	You can go to a large market or the Namdaemun Marketplace.
Shaoming	Which place is cheaper?
Stefan	If you are paying with cash, Namdaemun is cheaper.
Shaoming	I am going to buy it with my credit card.
Stefan	Then going to a large market is more comfortable.

JP

シャオミン	韓国のお茶を買いたいんですが。
シュテファン	大きいマートか南大門市場に行ってみてください。
シャオミン	どこがもっと安いですか。
シュテファン	現金で買うなら南大門市場がもっと安いです。
シャオミン	私はカードで買おうと思います。
シュテファン	それなら大きなマートが楽です。

CH

小　明	我想买韩国的茶。
史蒂芬	那你去大超市或者南大门市场吧。
小　明	哪里更便宜?
史蒂芬	用现金买的话南大门市场更便宜。
小　明	我想用银行卡买。
史蒂芬	那么大超市会更方便。

문법

1 -는데요, -은데요/ㄴ데요

- This is placed after an action or descriptive verb stem and is an expression used when you do not say everything you want to say but speak while expecting a response from the listener. It is usually used when you do not want to end a conversation but hope that it will continue.
- Use '-는데요' after an action verb or after '있다' or '없다'. When the descriptive verb stem ends with a consonant, use '-은데요'. When the descriptive verb stem ends with a vowel, use '-ㄴ데요'.

- A: The weather is clear and nice. B: Shall we go for a walk together?
- A: I want to go traveling on the weekend. B: Where do you want to go?
- A: I want to learn Taekwondo. B: There is a good Taekwondo studio next to school.
- A: These clothes are a bit too small. B: Then I will exchange them with something else for you.

- 動詞や形容詞の語幹の後に付き言いたい言葉をすべていわずに含みを持たせながらも相手の反応を期待する表現である。普通対話が途切れず続いていくことを望むときに使う。
- '-는데요'は動詞の語幹や'있다'、'없다'の語幹の後に使用する。'-은데요'は子音で終わる形容詞の語幹の後に使用し、'-ㄴ데요'は母音で終わる形容詞の語幹の後に使用する。

- A: 天気が晴れていて良いですが。 B: 一緒に散歩に行きましょうか。
- A: 週末に旅行に行こうと思ってるんですが。 B: どこに行こうと思ってるんですか。
- A: テコンドーを学びたいんですが。 B: 学校の前に良いテコンドー道場があります。
- A: この服はちょっと小さいんですが。 B: では他の服に換えて差し上げます。

- 用于动词或形容词词干后，表示没有全部说出自己想说的话，隐含其中的一部分而等待对方的反应。一般用于对话没有结束而希望对方接话的时候。
- '-는데요'用于动词词干后或'있다'、'없다'后，'-은데요'用于以辅音结尾的形容词词干后，'-ㄴ데요'用于以元音结尾的形容词词干后。

- 甲：天气又晴朗又好啊。 乙：一起去散步怎么样？
- 甲：周末我打算去旅游。 乙：你想去哪里啊？
- 甲：我想学跆拳道。 乙：学校前面有一个挺好的跆拳道场。
- 甲：这件衣服有点儿小。 乙：那我给你换别的。

2 이나/나

- This is placed after a noun and is used to show that one thing is selected among two or more things that are mentioned in a series.
- When the noun ends with a consonant, use '이나'. When the noun ends with a vowel, use '나'.

- When I go to school, I take the bus or subway.
- Whenever I have time, I play soccer or baseball with my friends.
- Yuri will return on Saturday or Sunday.
- Let's go hiking tomorrow or the day after tomorrow.

- 名詞の後に二つ以上の対象を羅列するときに使い、羅列された対象のうちひとつだけが選択されることを表す。
- '이나'は子音で終わる名詞の後に使用され、'나'は母音で終わる名詞の後に使用する。

- 私は学校に行くときバスか地下鉄に乗ります。
- 時間があるたびに友達とサッカーか野球をします。
- ユリさんは土曜日か日曜日に帰って来るでしょう。
- 明日か明後日、登山に行きましょう。

- 用于名词后，表示两个以上对象的罗列，且只选择其中的一个。
- '이나'用于以辅音结尾的名词后，'나'用于以元音结尾的名词后。

- 我去学校的时候坐公共汽车或者地铁。
- 每当有时间的时候我就和朋友们踢足球或打棒球。
- 有莉周六或者周日会回来。
- 明天或后天一起去登山吧。

EN

Traditional Marketplaces

There are many traditional marketplaces in Seoul. Among them, the Namdaemun Marketplace is the oldest. So many different kind of things are sold at the Namdaemun Marketplace, to the point where people say there isn't anything you can't find there. At the Dondaemun Marketplace, clothes are sold at a wholesale price so they are very cheap. The Gwangjang Marketplace in Jongno is famous for their food. The mung-bean pancake and kimbab are especially famous. Other than these marketplaces are also the Gyungdong Marketplace that sells materials for oriental medicine, and the Garak Marketplace that sells agricultural and marine products.

JP

在来市場

ソウルには在来市場が多いです。その中、南大門市場が一番古いです。南大門市場にはないものはないといえるほどいろいろなものを売っています。東大門市場では主に卸売価格で服を売っていてとても安いです。鐘路にある広蔵市場は食べ物で有名です。特にビンデトクと海苔巻きが有名です。そのほかにも韓薬剤を売る京東市場、農水産物を売る可楽市場などもあります。

CH

传统市场

首尔有很多的传统市场，其中南大门市场的历史最为悠久。南大门市场卖各种各样的物品，可以说是没有什么买不到的东西。东大门市场的衣服一般都以批发价出售，所以十分便宜。钟路的广藏市场以小吃而闻名，尤其是绿豆煎饼和紫菜包饭最为出名。另外还有出售韩药材的京洞市场，卖农水产品的可乐市场。

제13과

지금 세일하기 때문에 값이 싸요

The price is cheap because there is a sale now

今セールしているので値段が安いです

现在在打折，所以价格很便宜

- **Objectives** to be able to choose and buy products
- **Vocabulary** lotion, store clerk / salesperson, scent / perfume, adult, mother (honorific), to have a sale
  Vocabulary related to shopping
- **Grammar** -을 거예요[2], -기 때문에
- **Task** Listen to a story about buying things and speak
  Read and write about a shopping story
  Select a product and buy it

- 学習目標 物を選んで買うことができる
- 語彙 ローション、店員、香り、大人、お母様、セールする
  ショッピングに関連する語彙
- 文法 -을 거예요[2], -기 때문에
- 課題 物を買う話を聞いて話す
  ショッピングの話を読んで書く
  物を選んで買う

- 学习目标 能够选择并购买物品
- 词汇 乳液，店员，香味，长辈，(别人的)母亲，打折
  有关购物的词汇
- 语法 -을 거예요[2], -기 때문에
- 课堂练习 听关于买东西的对话并说一说
  阅读关于买东西的文章并写作
  选择并买东西

EN

Yuri	I would like to buy some lotion to give to my mother.
Salesperson	Try this one.
Yuri	Oh, the scent is very nice.
Salesperson	Many adults look for this. Your mother will like this as well.
Yuri	How much is it?
Salesperson	Because we're having a sale, the price is cheap.

JP

ユリ	お母さんに上げるローションをひとつ買いたいんですが。
店員	これをちょっと塗ってみてください。
ユリ	香りがとてもいいですね。
店員	年上の方々がよく求めます。お母様もお喜びになるでしょう。
ユリ	いくらですか。
店員	今セールしているので値段が安いです。

CH

有　莉	我想要给妈妈买一瓶乳液。
店　员	来试试这种吧。
有　莉	味道很好闻啊。
店　员	长辈们经常来买。您母亲也一定会喜欢的。
有　莉	多少钱？
店　员	因为现在在打折，所以价格很便宜。

문법

1 -을/ㄹ 거예요[2]

- This is placed after an action or descriptive verb stem and is used when you are guessing something. The subject is usually in the third person.
- When the action or descriptive verb stem ends with a consonant, use '-을 거예요'. When the action or descriptive verb stem ends with a vowel, use '-ㄹ 거예요'.

- There are a lot of people at the department store because it's sale season.
- Yuri likes spicy foods so she will like topokki, too.
- There won't be traffic today because it's a Monday.
- Shaoming has probably gone to his hometown because it's vacation time now.

- 動詞、形容詞の語幹の後に付き推測の意味を表す。普通主語は三人称が来る。
- '-을 거예요'は子音で終わる動詞の後に、'-ㄹ 거예요'は母音で終わる動詞の後に使用する。

- セール期間なのでデパートに人が多いでしょう。
- ユリさんは辛い食べ物が好きなのでトッポキもよく食べられるでしょう。
- 今日は日曜日なので車が渋滞しないでしょう。
- 今休みなのでシャオミンさんは故郷に行ったでしょう。

- 用于动词或形容词词干后，表示推测。一般主语为第三人称。
- '-을 거예요'用于以辅音结尾的动词后，'-ㄹ 거예요'用于以元音结尾的动词后。

- 因为是打折期间，百货商店里的人一定很多。
- 有莉喜欢吃辣的东西，所以应该也会吃炒年糕的。
- 今天是星期天，应该不会堵车。
- 现在是放假，小明应该回家乡了。

2 -기 때문에

- This is placed after an action or descriptive verb stem and is used when the clause mentioned before this form is the cause or reason for the clause that comes after it.

  - I am so busy these days because there's so much to do at work.
  - Stefan is popular because he is friendly and fun to be with.
  - There won't be much traffic today because it's Sunday.
  - The room is clean because it was cleaned an hour ago.

- 動詞、形容詞の語幹の後に付き前の内容が後ろの内容の原因や理由であるとき使う。

  - 会社の仕事が多いのでこのごろとても忙しいです。
  - シュテファンさんは親切で面白いので人気が多いです。
  - 今日は日曜日なので道が混まないでしょう。
  - 一時間前に掃除をしたので部屋がきれいです。

- 用于动词、形容词词干后，表示前面的内容是后面内容的原因或理由。

  - 因为公司的事儿很多所以最近很忙。
  - 因为史蒂芬又亲切又有意思，所以人气很高。
  - 因为今天是星期天，路上应该不会堵车。
  - 因为一小时前进行了清扫，所以房间很干净。

제14과

어제 티셔츠를 샀는데 좀 작아요

I bought a T-shirt yesterday but it's too small

昨日Tシャツを買ったんですが、ちょっと小さいです

昨天买的T恤有点儿小

- **Objectives** to be able to exchange something that you bought
- **Vocabulary** receipt, measurements, over there
  Vocabulary related to exchanging items
- **Grammar** -는데[2], -어 보다[2]
- **Task** Listen to a story about an exchange and refund and speak
  Read and write about a story of an exchange
  Exchange an item

- 学習目標 ショッピングしたものを交換することができる
- 語彙 領収書/レシート、サイズ、あちら
  物を交換するときの関連語彙
- 文法 -는데[2], -어 보다[2]
- 課題 交換、払い戻しの話を聞いて話す
  品物の交換についての話を読んで書く
  物を交換する

- 学习目标 能够交换已买的东西
- 词汇 发票，尺寸，那边儿
  有关换东西的词汇
- 语法 -는데[2], -어 보다[2]
- 课堂练习 听关于换货、退款的对话并说一说
  阅读关于换货的材料并写作
  换东西

EN

Yuri	I bought a T-shirt yesterday but it's too small.
Worker	You didn't try it on before you bought it?
Yuri	I didn't have time so I couldn't try it on.
Worker	You brought your receipt with you, didn't you? Give me the receipt with the clothes.
Yuri	I would like to exchange this for one that is one size bigger, please.
Worker	Okay, here you go. Try it on over there.

JP

ユリ	昨日このTシャツを買ったんですが、ちょっと小さいです。
店員	買うとき着てみなかったんですか。
ユリ	はい、時間がなくて着てみることができませんでした。
店員	レシートを持ってきたでしょう？服と一緒にください。
ユリ	ひとつサイズが大きいものに換えたいです。
店員	はい、どうぞ。あちらで着てみてください。

CH

有　莉	昨天买的这件T恤有点儿小。
店　员	你买的时候没有试穿过吗？
有　莉	是的，因为没有时间了所以没有试穿。
店　员	你有带发票来吧？请把它和衣服一起给我。
有　莉	我想换大一号的。
店　员	好的，给您。请在那边儿试一下吧。

문법

1 -는데, 은데/ㄴ데[2]

- This is used when you are introducing or presenting a certain fact. The clause that follows gives a more detailed explanation.
- Use '-는데' after an action verb stem. When the descriptive verb stem ends with a consonant, use '-은데'. When the descriptive verb stem ends with a vowel, use '-ㄴ데'.

- I watched a movie yesterday and it was very fun.
- I go to the student cafeteria often and the food is good and cheap.
- Jungwoo is a classmate of mine and he speaks Korean and Chinese well.
- Michael has a lot of friends and he has more Korean friends than American friends.

- ある事実を紹介したり提示したりするときに使う。この場合後の文章には前の文章の事実と関連した詳しい説明や付加的な内容が来る。
- 動詞の語幹の後には'-는데'を使う。子音で終わる形容詞の語幹の後には'-은데'を使い、母音で終わる形容詞の語幹の後には'-ㄴ데'を使う。

- 昨日映画を見たんですが、とても面白かったです。
- 私は学生食堂によく行くんですが、味もよくて値段も安いです。
- ジョンウさんは私のクラスメートですが、韓国語も上手で中国語も上手です。
- マイケルさんは友達が多いのですが、アメリカ人の友達より韓国人の友達のほうがおおいです。

- 用于表示介绍或展示某个事实。这种情况下后一句是有关前一句事实的附加说明或附加内容。
- 动词词干后用'-는데'，以辅音结尾的形容词词干后用'-은데'，以元音结尾的形容词词干后用'-ㄴ데'。

- 我昨天看电影了，真是太有意思了。
- 我经常去学生食堂，味道不错，价格也很便宜。
- 净友是我们班的同学，韩语说得好，汉语也说得好。
- 麦克有很多的朋友，相较于美国朋友，他的韩国朋友更多。

2 -어/아/여 보다[2]

- This is placed after an action verb stem and is used to show experience. It is usually used in the past tense.
- If the action verb stem ends with a vowel other than 'ㅏ or ㅗ', use '-어 보다'. If the action verb stem ends with 'ㅏ or ㅗ', use '-아 보다'. If the action verb stem ends with '하다', use '-여 보다', where the'하여' becomes '해'.

- I have traveled by myself before.
- I have been to Jeju Island a year ago.
- I have made kimchi with my mother before.
- Have you gone skiing since you've come to Korea?

- 動詞の語幹の後に付き経験を表す。普通過去形と一緒に使う。
- 動詞の語幹が'ㅏ, ㅗ'以外の母音で終わると'-어 보다'を使い、動詞の語幹が'ㅏ, ㅗ'で終わると'-아 보다'を使う。'하다'が付く動詞の語幹の後には'-여 보다'を使い、普通'하여'は縮めて'해'を使う。

- 一人で旅行をしてみました。
- 1年前に済州島に行ってみました。
- 母とキムチを作ってみました。
- 韓国に来てからスキーをしてみましたか。

- 用于动词词干后表示经验。一般与过去式连用。
- 动词词干后除以'ㅏ、ㅗ'以外的元音结尾时用'-어 보다'，以元音'ㅏ、ㅗ'结尾时用'-아 보다'。以'하다'结尾的动词词干后用'-여 보다'，'하여'一般简写为'해'。

- 我曾经自己去旅行过。
- 我1年前去过济州岛。
- 我和妈妈一起做过泡菜。
- 你来韩国后滑过雪吗？

제15과

한국은 눈이 오는데 대만은 눈이 안 와요

It snows in Korea but not in Taiwan

韓国は雪が降りますが、台湾は雪が降りません

韩国下雪，但台湾不下

- **Objectives** to be able to talk about the weather
- **Vocabulary** to be humid, Taiwan, to return
  Vocabulary related to seasonal activities
- **Grammar** -는데^3, -었으면 좋겠다
- **Task** Listen to a story about another country's seasons
  Read an ad for a seasonal activity and speak
  Speak and write about the special characteristics of your hometown's seasons.

- 学習目標 天気の話ができる
- 語彙 湿気がある/じめじめする、台湾、帰る
  季節ごとの活動に関連する語彙
- 文法 -는데^3, -었으면 좋겠다
- 課題 他の国の季節の話を聞く
  季節の活動と関連した広告を読んで話す
  故郷の季節の特徴を話して書く

- 学习目标 能够说说天气
- 词汇 潮湿，台湾，回去
  有关季节活动的词汇
- 语法 -는데^3, -었으면 좋겠다
- 课堂练习 听听其他国家的季节情况
  阅读有关季节活动的广告并说一说
  说说故乡的季节特征并写作

EN

Stefan	Liping, how is the summer weather in your hometown?
Liping	It's hotter and more humid than Korea.
Stefan	How is it in the winter? Does it snow?
Liping	No. It snows in Korea but not in Taiwan.
Stefan	Really? Then have you ever seen snow until now?
Liping	No. I wish it would snow before I return to my hometown.

JP

シュテファン	リピンさん、故郷は夏の天気がどうですか。
リピン	韓国よりももっと暑くてじめじめします。
シュテファン	冬はどうですか。雪が降りますか。
リピン	いいえ、韓国は雪が降りますが、台湾は雪が降りません。
シュテファン	そうですか。では今まで雪を見たことがないですか。
リピン	はい、故郷に帰る前に雪が降るといいのですが。

CH

史蒂芬	李萍，你故乡夏季的天气怎么样？
李　萍	比韩国热和潮湿。
史蒂芬	那冬天怎么样？下雪吗？
李　萍	不下，韩国下雪，但台湾不下。
史蒂芬	是吗？那么你至今为止没有见过雪吗？
李　萍	是的，如果回家乡前能下雪的话就好了。

1 -는데,-은데/ㄴ데[3]

- This is placed after an action or descriptive verb stem and is used to show a contrasting relationship between the first and second clause.
- Use '-는데' after an action verb stem or after '있다' or '없다'. When the descriptive verb stem ends with a consonant, use '-은데'. When the descriptive verb stem ends with a vowel, use '-ㄴ데'.

- The subway is complicated but the bus is not.
- I like table tennis but my friends like soccer.
- My birthday is in the summer but Liping's birthday is in the winter.
- I was busy last week but I'm free this week.

- 動詞や形容詞の語幹の後に付き前の文章と後ろの文章が互いに対比される関係を表すときに使う。
- '-는데'は動詞の語幹や'있다'、'없다'の語幹の後に使用する。'-은데'は子音で終わる形容詞の語幹の後に使い、'-ㄴ데'は母音で終わる形容詞の語幹の後に使用する。

- 地下鉄は複雑ですがバスは複雑ではありません。
- 私は卓球が好きですが、友達はサッカーが好きです。
- 私の誕生日は夏ですがリピンさんの誕生日は冬です。
- 先週は忙しかったですが、今週は暇です。

- 用于动词或形容词词干后，表示前一句和后一句是一种比较的关系。
- '-는데'用于动词词干后，或'있다'、'없다'后，'-은데'用于以辅音结尾的形容词词干后，'-ㄴ데'用于以元音结尾的形容词词干后。

- 地铁很拥挤，但公共汽车不拥挤。
- 我喜欢乒乓球，但朋友们却喜欢足球。
- 我的生日在夏天，李萍的生日在冬天。
- 我上周很忙，这周很空。

2 -었으면/았으면/였으면 좋겠다

- This is placed after an action or descriptive verb stem and is used together with '좋다' to show a wish or hope.
- When the action or descriptive verb stem ends with 'ㅏ' or 'ㅗ', use '-았으면 좋겠다'. When the action or descriptive verb stem ends with '하다', use '-였으면 좋겠다', which becomes '했으면 좋겠다'. In all other cases, use '-었으면 좋겠다'.

- I hope this listening test will be easy.
- I hope this year's winter will be warm.
- I wish I could speak Korean well.
- I wish our class would win first place in the singing contest.

- 動詞、形容詞の語幹の後に'-었으면/았으면/였으면'と'좋다'が結合し望みや希望を表す。
- '-았으면 좋겠다'は'ㅏ','ㅗ'で終わる動詞、形容詞の語幹の後に使い、'-였으면 좋겠다'は'하다'で終わる動詞、形容詞の語幹の後に使い'했으면 좋겠다'になる。これ以外の場合は'-었으면 좋겠다'を使う。

- 今回の聴解試験が易しかったらいいのですが。
- 今年の冬は暖かかったらいいのですが。
- 私は韓国語が上手だったらいいのですが。
- 私のクラスが歌大会で1位になったらいいのですが。

- 用于动词、形容词词干后，与'-었으면/았으면/였으면'和'좋다'结合，表示一种希望或愿望。
- '-았으면 좋겠다'用于以'ㅏ、ㅗ'结尾的动词、形容词词干后，'-였으면 좋겠다'用于以'하다'结尾的动词、形容词词干后，写作'했으면 좋겠다'。其他情况都用'-었으면 좋겠다'。

- 如果这回听力考试简单点儿就好了。
- 如果今年冬天暖和点儿就好了。
- 如果我的韩语说得好点儿就好了。
- 如果我们班在唱歌比赛中拿到第一名就好了。

부록

2. 문법 활용연습

제1과 한국에 오기 전에 한국어를 배웠어요?

1. -기 전에

1) 어제 무엇을 했습니까? 보기 와 같이 문장을 만드십시오.

시간	한 일
7 : 00 ~ 8 : 00	운동을 했습니다.
8 : 00 ~ 9 : 00	보기 아침을 먹었습니다.
9 : 00 ~ 1 : 00	❶ 학교에 갔습니다. 공부했습니다.
1 : 00 ~ 2 : 00	친구들과 점심을 먹었습니다.
2 : 00 ~ 2 : 30	❷ 도서관에 갔습니다.
2 : 30 ~ 4 : 20	도서관에서 숙제했습니다.
4 : 20 ~ 6 : 30	❸ 한국 친구를 만났습니다.
6 : 30 ~ 10 : 00	❹ 집에 갔습니다. 저녁을 먹고 텔레비전을 봤습니다.
10 : 00 ~ 10 : 30	일기를 썼습니다.
10 : 30 ~	❺ 잤습니다.

보기 아침을 먹기 전에 운동을 했습니다.

❶ ______________________________

❷ ______________________________

❸ ______________________________

❹ ______________________________

❺ ______________________________

2) 그림을 보고 **보기** 와 같이 대화를 완성하십시오.

보기

가: 밥을 먹기 전에 무엇을 합니까?

나: 밥을 먹기 전에 손을 씻습니다.

❶

가: 공항에서 비행기를 타기 전에 무엇을 했습니까?

나: ______________________________

❷

가: 쇼핑하기 전에 무엇을 했습니까?

나: ______________________________

❸

가: 영화를 보기 전에 무엇을 합니까?

나: ______________________________

❹

가: 집에 가기 전에 무엇을 했습니까?

나: ______________________________

❺

가: 고향에 돌아가기 전에 무엇을 하고 싶어요?

나: ______________________________

2. 한테서

1) 보기 와 같이 문장을 만드십시오.

보기 고향에 계시는 어머니		중국말을 배우다
❶ 남자친구		목걸이 선물을 받다
❷ 고향 친구		숙제 공책을 받다
❸ 선생님		이메일이 오다
❹ 중국 친구		책을 빌리다
❺ 집에 책이 많은 친구		전화가 오다

보기 고향에 계시는 어머니한테서 전화가 왔어요.

❶ ______________________________

❷ ______________________________

❸ ______________________________

❹ ______________________________

❺ ______________________________

2) 보기 와 같이 대화를 완성하십시오.

보기
가: 누구한테서 전화가 왔습니까? (할아버지)
나: 할아버지한테서 전화가 왔습니다.

❶ 가: 누구한테서 꽃을 받았습니까? (친구들)
나: ______________________________

❷ 가: 누구한테서 피아노를 배웠습니까? (어머니)
나: ______________________________

❸ 가: 누구한테서 그 이야기를 들었습니까? (누나)
나: ______________________________

❹ 가: 누구한테서 이메일이 왔습니까? (오빠)
나: ______________________________

❺ 가: 누구한테서 선물을 받았습니까? (부모님)
나: ______________________________

제2과 제가 영주 씨에게 연락할게요

1. -는데[1]

1) 보기 와 같이 두 문장을 한 문장으로 문장을 만드십시오.

보기 저는 휴대전화로 텔레비전을 자주 봅니다. / 영주 씨는 휴대전화로 뭘 해요?
➡ 저는 휴대전화로 텔레비전을 자주 보는데 영주 씨는 휴대전화로 뭘 해요?

❶ 저는 매운 음식을 좋아합니다. / 유리 씨는 무슨 음식을 좋아합니까?
➡ ____________________

❷ 저는 축구를 잘 합니다. / 슈테판 씨는 무슨 운동을 좋아합니까?
➡ ____________________

❸ 오늘 삼계탕을 먹고 싶습니다. / 어느 식당이 맛있어요?
➡ ____________________

❹ 한국은 제주도가 유명합니다. / 독일은 어디가 유명해요?
➡ ____________________

❺ 저는 좀 덥습니다. / 슈테판 씨도 더워요?
➡ ____________________

2) 유리 씨가 친구들에게 자기를 소개하고 질문합니다. 보기 와 같이 질문을 만드십시오.

〈 자기 소개서 〉

제 이름은 유리입니다. 저는 일본에서 왔습니다.
제 생일은 2월 7일입니다. 저는 지금 신촌에서 살고 있습니다.
전화번호가 010-1234-5678입니다.
좋아하는 꽃은 장미입니다. 남자친구가 없습니다.

보기 저는 일본에서 왔는데 슈테판 씨는 어느 나라에서 왔어요?

❶ ____________________

❷ ____________________

❸ ____________________

❹ ____________________

❺ ____________________

2. -을게요

1) **보기** 와 같이 문장을 바꾸십시오.

보기 오늘 6시에 전화하겠습니다. ➡ 오늘 6시에 전화할게요.

❶ 2시에 문자를 보내겠습니다. ➡ ____________________

❷ 내일은 일찍 오겠습니다. ➡ ____________________

❸ 숙제를 열심히 하겠습니다. ➡ ____________________

❹ 내일부터 운동을 시작하겠습니다. ➡ ____________________

❺ 컴퓨터 게임을 많이 하지 않겠습니다. ➡ ____________________

2) **보기** 와 같이 대화를 완성하십시오.

보기
남자: 담배는 건강에 좋지 않아요.
여자: 네, 알았어요. 담배를 끊을게요.

❶ 선생님: 오늘도 늦었어요.
학 생: ____________________

❷ 슈테판: 미안해요. 지금 전화를 받을 수 없어요.
유 리: ____________________

❸ 선생님: 시험을 너무 못 봤어요.
학 생: ____________________

❹ 남 자1: ____________________
남 자2: 고맙습니다, 잘 먹었습니다. 다음에는 제가 사겠습니다.

❺ 선생님: 발음이 좋지 않아요. 많이 연습하세요.
학 생: ____________________

제3과 한국에서 공연을 본 적이 있어요?

1. -은 적이 있다

1) 보기 와 같이 문장을 바꾸십시오.

보기 중국에 갔습니다. ➡ 중국에 간 적이 있어요.

❶ 뮤지컬을 봤습니다. ➡ ______________________

❷ 태권도를 배웠습니다. ➡ ______________________

❸ 한국어를 공부했습니다. ➡ ______________________

❹ 노래방에서 노래를 했습니다. ➡ ______________________

❺ 동대문 시장에서 옷을 샀습니다. ➡ ______________________

2) 보기 와 같이 대화를 완성하십시오.

보기
가: 돼지갈비를 먹은 적이 있어요?
나: 아니요, 돼지갈비를 먹은 적이 없어요.

❶ 가: 한국에서 놀이공원에 간 적이 있어요?
나: ______________________

❷ 가: 한국 음식을 만든 적이 있어요?
나: ______________________

❸ 가: 유명한 사람을 만난 적이 있어요?
나: ______________________

❹ 가: 혼자 산 적이 있어요?
나: ______________________

❺ 가: 외국어를 가르친 적이 있어요?
나: ______________________

2. -는군요

1) **보기** 와 같이 문장을 바꾸십시오.

보기 날씨가 덥습니다. ➡ 날씨가 덥군요.

❶ 쌉니다. ➡ ____________________

❷ 비가 옵니다. ➡ ____________________

❸ 꽃이 예쁩니다. ➡ ____________________

❹ 노래를 잘 합니다. ➡ ____________________

❺ 음식이 맛있습니다. ➡ ____________________

2) **보기** 와 같이 대화를 완성하십시오.

보기
가: 오늘 방 청소를 했어요.
나: 아주 깨끗하군요.

❶ 가: 제 형은 일주일에 책을 3권 읽어요.
나: ____________________

❷ 가: 이 가방은 200만원이에요.
나: ____________________

❸ 가: 한 달에 4번 영화를 봐요.
나: ____________________

❹ 가: 저는 키가 190cm예요.
나: ____________________

❺ 가: 한국 가수 CD가 80개 있어요.
나: ____________________

제4과 내일 야구를 보려고 해요

1. -고 있다

1) 그림을 보고 보기 와 같이 문장을 만드십시오.

보기  텔레비전을 보고 있어요.

❶  ______________________

❷  ______________________

❸  ______________________

❹  ______________________

❺  ______________________

2) 여러분은 어제 무엇을 했습니까? 보기 와 같이 문장을 쓰십시오.

시간	한 일
보기 아침 8시	어제 아침 8시에 아침을 먹고 있었어요.
오전 10시 30분	❶
오후 1시	❷
오후 4시 30분	❸
저녁 8시	❹
밤 10시	❺

2. -으려고 하다

1) **보기** 와 같이 문장을 만드십시오.

보기 지금 배가 고픕니다. 그래서 <u>식당에 가려고 합니다.</u>

❶ 지금 피곤합니다. 그래서 ______________________________

❷ 내일 시험이 있습니다. 그래서 ______________________________

❸ 고향에서 친구가 옵니다. 그래서 ______________________________

❹ 내일이 친구 생일입니다. 그래서 ______________________________

❺ 이번 주말부터 방학입니다. 그래서 ______________________________

2) 그림을 보고 **보기** 와 같이 대화를 완성하십시오.

보기

가: 수업이 끝나고 무엇을 하려고 합니까?

나: <u>친구와 점심을 먹으려고 합니다.</u>

❶

가: 이번 토요일에 무엇을 하려고 합니까?

나: ______________________________

❷

가: 유리 씨 생일에 무엇을 하려고 합니까?

나: ______________________________

❸

가: 방학 때 무엇을 하려고 합니까?

나: ______________________________

❹

가: 오늘 일이 끝나고 무엇을 하려고 합니까?

나: ______________________________

❺

가: 시험이 끝나고 무엇을 하려고 합니까?

나: ______________________________

제5과 퇴근 시간이어서 길이 막힐 것 같아요

1. 으로

1) 관계있는 것을 서로 연결하고 **보기** 와 같이 문장을 만드십시오.

보기 외출복	천 원	갈아타다
❶ 비행기	잠옷	
		갈아신다
❷ 121번 버스	7호선	
❸ 지하철 4호선	깨끗한 운동화	
		갈아입다
❹ 더러운 운동화	기차	
❺ 만 원	90번 버스	바꾸다

보기 외출복을 잠옷으로 갈아입습니다.

❶ ____________________

❷ ____________________

❸ ____________________

❹ ____________________

❺ ____________________

2) 그림을 보고 **보기** 와 같이 질문에 대답하시오.

보기 

가: 왜 지하철로 갈아탔어요?
나: 길이 막혀서 지하철로 갈아탔어요.

❶ 

가: 명동에 가고 싶은데 서울역에서 몇 호선으로 갈아탑니까?
나: ______________________________

❷ 

가: 손님, 바지를 어떤 색으로 바꾸고 싶으세요?
나: ______________________________

❸ 

가: 어느 나라 돈으로 바꾸실 거예요?
나: ______________________________

❹ 

가: 너무 더워요.
나: ______________________________

❺ 

가: 어떤 신발로 갈아 신을거예요?
나: ______________________________

2. -는 것 같다

1) 그림을 보고 **보기** 와 같이 쓰십시오.

보기 

가: 어느 나라 사람인 것 같아요?
나: 한국 사람인 것 같아요.

❶ 

가: 영수 씨가 무엇을 할 것 같아요?

나: ______________________________

❷ 

가: 이 식당 음식 맛이 어떨 것 같아요?

나: ______________________________

❸ 

가: 미선 씨가 열심히 공부한 것 같아요?

나: ______________________________

❹ 

가: 무슨 동물인 것 같아요?

나: ______________________________

❺ 

가: 유리 씨 기분이 어떤 것 같아요?

나: ______________________________

2) **보기** 와 같이 질문에 대답하십시오.

> **보기**
> 가: 비가 올까요?
> 나: 네, <u>비가 올 것 같아요.</u>

❶ 가: 삼계탕이 맛있을까요?

나: 네, ______________________________

❷ 가: 빨간색 가방이 무거울까요?

나: 네, ______________________________

❸ 가: 1급 읽기 책이 어려울까요?

나: 아니요, ______________________________

❹ 가: 외국어 배우기가 쉬울까요?

나: 아니요, ______________________________

❺ 가: 지금 길이 많이 막힐까요?

나: 네, ______________________________

제6과 5분밖에 안 걸려요

1. -으면

1) 보기 와 같이 문장을 만드십시오.

보기 시간이 있습니다. / 같이 영화를 봅시다. ➡ 시간이 있으면 같이 영화를 봅시다.

❶ 날씨가 덥습니다. / 수영장에 가세요. ➡ ______

❷ 값이 비싸지 않습니다. / 핸드폰을 사고 싶어요. ➡ ______

❸ 음식이 짭니다. / 드시지 마세요. ➡ ______

❹ 전화번호를 압니다. / 가르쳐 주세요. ➡ ______

❺ 돈이 있다. / 빌려 주세요. ➡ ______

2) 그림을 보고 보기 와 같이 질문에 대답하십시오.

보기 

가: 배가 많이 아프면 어떻게 해요?

나: 배가 많이 아프면 약을 먹어요.

❶ 

가: 약속 시간에 늦으면 어떻게 해요?

나: ______

❷ 

가: 주말에 날씨가 좋으면 뭘 할까요?

나: ______

❸ 

가: 돈이 많으면 뭘 하고 싶어요?

나: ______

❹ 

가: 결혼을 하면 어디로 신혼여행을 가고 싶어요?

나: ______

❺ 

가: 한국어를 잘 하면 무엇을 할 거예요?

나: ______

2. 밖에

1) 보기 와 같이 문장을 만드십시오.

보기 하루에 네 시간만 자요. ➡ 하루에 네 시간밖에 안 자요.

❶ 교실에서는 한국말만 씁니다. ➡ ______________________

❷ 제 동생은 까만색 옷만 입어요. ➡ ______________________

❸ 리핑 씨는 돼지고기만 먹어요. ➡ ______________________

❹ 샤오밍 씨는 그 노래만 불러요. ➡ ______________________

❺ 그 사람의 이름만 알아요. ➡ ______________________

2) 그림을 보고 보기 와 같이 질문에 대답하십시오.

보기 

가: 아침에 뭘 먹었어요?

나: 커피밖에 안 마셨어요.

❶ 

가: 운동화가 몇 켤레 있어요?

나: ______________________

❷ 

가: 한 달에 부모님께 돈을 얼마나 받아요?

나: ______________________

❸ 

가: 가방에 뭐가 있어요?

나: ______________________

❹ 

가: 학생들이 모두 왔어요?

나: ______________________

❺ 

가: 신촌역까지 얼마나 걸려요?

나: ______________________

제7과 오후에 뭘 할 거예요?

1. -게

1) 그림을 보고 알맞은 단어를 골라서 **보기** 와 같이 문장을 만드십시오.

깨끗하다	맛있다	즐겁다	신나다	싸다	짧다

보기  마이클 씨는 음식을 맛있게 먹어요.

❶  유리 씨가 ______________________

❷  리핑 씨가 ______________________

❸  영주 씨가 ______________________

❹  반 친구들이 ______________________

❺  시장에서는 ______________________

2) **보기** 와 같이 대화를 완성하십시오.

보기 가: 아이가 참 예쁘군요. (귀엽다) 나: 네, 정말 귀엽게 생겼어요.

❶ 가: 일찍 왔어요? (늦다) 나: 아니요, ______________

❷ 가: 영화를 잘 봤어요? (재미있다) 나: 네, ______________

❸ 가: 요즘 어떻게 지내세요? (바쁘다) 나: ______________

❹ 가: 가방을 샀군요. 얼마예요? (비싸다) 나: 20만원이에요. 너무 ______________

❺ 가: 마이클 씨는 음식을 싱겁게 먹어요? (짜다) 나: 아니요, 좀 ______________

2. -을 거예요[1]

1) 보기 와 같이 문장을 바꾸십시오.

보기 친구들과 영화를 보겠습니다. ➡ 친구들과 영화를 볼 거예요.

❶ 책을 읽겠습니다. ➡ ______

❷ 택시를 타겠습니다. ➡ ______

❸ 백화점에서 쇼핑을 하겠습니다. ➡ ______

❹ 사진을 찍겠습니다. ➡ ______

❺ 선생님께 선물하겠습니다. ➡ ______

2) 보기 와 같이 대화를 완성하십시오.

보기
가: 오늘 오후에 뭘 할 거예요?
나: 여행사에 가서 비행기 표를 살 거예요.

❶ 가: 뭘 배울 거예요?
나: ______

❷ 가: 어디로 여행을 갈 거예요?
나: ______

❸ 가: 언제 선생님을 만날 거예요?
나: ______

❹ 가: 누가 식당을 예약할 거예요?
나: ______

❺ 가: 어디에서 생일 파티를 할 거예요?
나: ______

제8과 비빔밥을 드셔 보세요

1. 르 동사

1) 보기 와 같이 문장을 완성하십시오.

보기 한국 친구는 말이 빨라서~~어서/아서/여서~~ 이해하기 어려워요. (빠르다)

❶ 이 노래를 좀 ________________ 어/아/여 주세요. (부르다)

❷ 더워서 머리를 ________________ 었어요/았어요/였어요. (자르다)

❸ 서울은 제 고향하고 많이 ________________ 어요/아요/여요. (다르다)

❹ 사고 싶은 옷을 다 ________________ 었어요/았어요/였어요? (고르다)

❺ 길을 잘 ________________ 어서/아서/여서 집을 찾기가 쉽지 않았어요. (모르다)

2) 다음 문장의 밑줄 친 부분을 고치십시오.

보기 선생님 말이 조금 빠라요.
➡ 빨라요

❶ 한국말은 영어하고 많이 다르어서 조금 어려워요.

➡ ________________

❷ 많이 먹어서 배가 너무 불릅니다.

➡ ________________

❸ 이 문제를 잘 모라서 답을 쓰지 못했어요.

➡ ________________

❹ 오늘 머리를 잘르려고 합니다.

➡ ________________

❺ 이 화장품을 바라 보세요.

➡ ________________

2. -어 보다[2]

1) 보기 와 같이 문장을 만드십시오.

보기 이 신발이 아주 편해요. 한번 <u>신어 보세요.</u>

❶ 이 옷이 아주 예뻐요. 한번 ______________________

❷ 이 핸드폰이 아주 좋아요. 한번 ______________________

❸ 이 책이 아주 재미있어요. 한번 ______________________

❹ 이 음식이 아주 맛있어요. 한번 ______________________

❺ 이 의자가 아주 좋아요. 한번 ______________________

2) 그림을 보고 보기 와 같이 대화를 완성하십시오.

보기

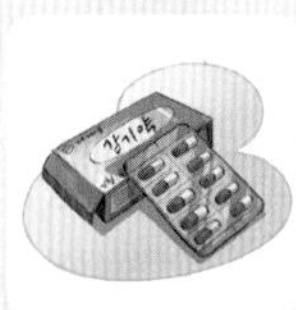

가: 감기에 걸렸어요.

나: 그럼 <u>이 약을 드셔 보세요.</u>

❶ 

가: 제가 읽고 싶은 책이 서점에 없어요.

나: 그럼 ______________________

❷ 

가: 이 단어를 잘 모르겠어요.

나: 그럼 ______________________

❸ 

가: 밤에 잘 자지 못해요.

나: 그럼 ______________________

❹ 

가: 요즘 인기 있는 노래를 듣고 싶어요.

나: 그럼 ______________________

❺ 

가: 치마가 좀 짧아요. 다른 치마를 입고 싶어요.

나: 그럼 ______________________

제9과 떡볶이를 먹은 후에 팥빙수를 먹읍시다

1. -겠-

1) 알맞은 대답을 찾아 **보기** 와 같이 연결하고 쓰십시오.

보기 내일 수업이 시작됩니다.	______________	(기분이 좋다)
❶ 방학이 끝나서 친구들을 만나요.	______________	(시간이 많다)
❷ 어제 2시간 잤습니다.	내일부터 바쁘겠습니다.	(내일부터 바쁘다)
❸ 저는 일본에서 10년 살았어요.	______________	(맛있다)
❹ 이 음식은 제가 만들었어요.	______________	(피곤하다)
❺ 요즘 방학이에요.	______________	(일본어를 잘하다)

2) **보기** 와 같이 질문에 대답하십시오.

보기
가: 친한 친구가 고향에 돌아갔어요.
나: 많이 슬프겠어요.

❶ 가: 시험을 잘 봤어요.
나: ______________

❷ 가: 내일 친구들과 제주도에 갑니다.
나: ______________

❸ 가: 오늘 아침과 점심을 안 먹었습니다.
나: ______________

❹ 가: 수업이 끝난 후에 남자친구와 데이트가 있어요.
나: ______________

❺ 가: 학교까지 한 시간 걸어서 왔어요.
나: ______________

2. -은 후에

1) 보기 와 같이 두 문장을 한 문장으로 만드십시오.

> **보기** 고향에 도착합니다. / 연락하겠습니다. ➡ 고향에 도착한 후에 연락하겠습니다.

❶ 운동을 합니다. / 샤워를 했어요.

➡ ______________________________

❷ 숙제를 합니다. / 텔레비전을 봤어요.

➡ ______________________________

❸ 시험을 봅니다. / 같이 영화를 봅시다.

➡ ______________________________

❹ 어학당을 졸업합니다. / 한국 회사에서 일하고 싶어요.

➡ ______________________________

❺ 일이 끝납니다. / 같이 식사할까요?

➡ ______________________________

2) 대화를 완성하십시오.

> **보기**
> 가: 어제 수업이 끝난 후에 무엇을 했습니까?
> 나: 어제 수업이 끝난 후에 친구들과 함께 점심을 먹었어요.

❶ 가: 한국말을 다 배운 후에 무엇을 하고 싶습니까?

나: ______________________________

❷ 가: 보통 점심을 먹은 후에 무엇을 합니까?

나: ______________________________

❸ 가: 어제 저녁을 먹은 후에 무엇을 했습니까?

나: ______________________________

❹ 가: 언제 고향에 돌아갈 거예요?

나: ______________________________

❺ 가: 오늘 저녁을 언제 먹을 거예요?

나: ______________________________

제10과 저는 심심할 때 친구들과 노래방에 자주 와요

1. -을 때

1) 보기 와 같이 문장을 만드십시오.

보기 학교에 옵니다. / 지하철을 타요. ➡ 학교에 올 때 지하철을 타요.

❶ 배가 아픕니다. / 이 약을 드세요. ➡ ____________________

❷ 밥을 먹습니다. / 전화가 왔어요. ➡ ____________________

❸ 날씨가 너무 춥습니다. / 학교에 가고 싶지 않아요. ➡ ____________________

❹ 좋아하는 음악을 듣습니다. / 아주 행복해요. ➡ ____________________

❺ 심심하다. / 영화를 봐요. ➡ ____________________

2) 보기 와 같이 대화를 완성하십시오.

보기 공부를 하다 | 날씨가 덥다 | (아르바이트를 하다)

가: 언제 힘들어요?

나: 아르바이트를 할 때 힘들어요.

❶ 기분이 나쁘다 | 비가 오다 | 시험이 끝났다

가: 언제 술을 마시고 싶어요?

나: ____________________

❷ 예쁜 아기를 보다 | 혼자 살다 | 친구가 결혼하다

가: 언제 결혼하고 싶어요?

나: ____________________

❸ 맛있는 음식을 먹다 | 돈이 많다 | 친구하고 놀다

가: 언제 행복하세요?

나: ____________________

❹ 고향 음식을 먹다 | 몸이 아프다 | 주말에 혼자 있다

가: 언제 가족이 보고 싶어요?

나: ____________________

❺ 용돈이 필요하다 | 부모님이 보고 싶다 | 고향에 가고 싶다

가: 언제 부모님께 전화를 해요?

나: ____________________

2. -으려고

1) 관계있는 것을 서로 연결하고 보기 와 같이 문장을 만드십시오.

보기	미국 대학에서 공부합니다.	수영복을 샀어요.
❶	여행을 갑니다.	사진을 많이 찍었어요.
❷	자전거를 삽니다.	영어를 배워요.
❸	시험을 잘 보다.	열심히 공부합니다.
❹	수영장에 갑니다.	아르바이트를 해요.
❺	가족에게 보여 줍니다.	큰 여행 가방을 샀어요.

보기 미국 대학에서 공부하려고 영어를 배워요.

❶ ____________________

❷ ____________________

❸ ____________________

❹ ____________________

❺ ____________________

2) 그림을 보고 **보기** 와 같이 질문에 대답하십시오.

보기

가: 왜 꽃을 샀어요?

나: <u>여자 친구에게 주려고 샀어요.</u>

❶ 

가: 왜 한국에 왔어요?

나: ______________________________

❷ 

가: 오늘 왜 커피를 많이 마셔요?

나: ______________________________

❸ 

가: 왜 빵을 샀어요?

나: ______________________________

❹ 

가: 왜 아침에 일찍 일어나요?

나: ______________________________

❺ 

가: 왜 도서관에 갔어요?

나: ______________________________

제11과 내 취미는 사진 찍기야

1. -어

1) 보기 와 같이 문장을 바꾸십시오.

보기 저는 지금 책을 읽어요. ➡ 나는 지금 책을 읽어.

❶ 날마다 운동하기가 너무 힘들어요. ➡ ____________________

❷ 영주 씨, 내일은 일찍 오세요. ➡ ____________________

❸ 미선 씨, 우리 같이 도서관에 가요. ➡ ____________________

❹ 유진 씨, 안녕히 계세요. ➡ ____________________

❺ 수업 시간에 이야기하지 마세요. ➡ ____________________

2) 보기 와 같이 질문에 대답하십시오.

보기
가: 한국어 공부가 재미있어?
나: 응, 한국어 공부가 재미있어.

❶ 가: 집에서 학교까지 가까워?
나: ____________________

❷ 가: 무슨 운동을 좋아해?
나: ____________________

❸ 가: 시간이 있을 때 뭘 해?
나: ____________________

❹ 가: 어제 수업이 끝나고 뭘 했어?
나: ____________________

❺ 가: 주말에 같이 영화를 볼까?
나: ____________________

2. 이야

1) 보기 와 같이 문장을 바꾸십시오.

보기 제 고향은 서울이에요. ➡ 내 고향은 서울이야.

❶ 제 이름은 히로미예요. ➡ ______

❷ 제가 만든 빵이 아니에요. ➡ ______

❸ 이번 주말부터 방학이에요. ➡ ______

❹ 오늘이 몇 월 며칠이에요? ➡ ______

❺ 저는 주말에 영화를 볼 거예요. ➡ ______

2) 보기 와 같이 질문에 대답하십시오.

보기
가: 네 취미가 뭐야?
나: 내 취미는 음악 듣기야.

❶ 가: 이름이 뭐야?
나: ______

❷ 가: 고향이 어디야?
나: ______

❸ 가: 오늘이 월요일이야?
나: 아니, ______

❹ 가: 좋아하는 한국 음식이 뭐야?
나: ______

❺ 가: 이번 주말에 뭘 할 거야?
나: ______

제12과 한국 차를 사고 싶은데요

1. -는데요

1) **보기** 와 같이 문장을 바꾸십시오.

보기 제가 유리입니다. ➡ 제가 유리인데요.

❶ 양복을 입은 사람이 슈테판입니다. ➡ ____________________

❷ 내일은 바쁩니다. ➡ ____________________

❸ 주말에 약속이 있습니다 ➡ ____________________

❹ 명동에서 샀습니다. ➡ ____________________

❺ 보통 아침을 안 먹습니다. ➡ ____________________

2) **보기** 와 같이 대화를 완성하십시오.

보기

가: 피곤한데요.
나: 좀 쉬세요.

❶ 

가: ____________________
나: 제가 돈을 빌려 드릴까요?

❷ 

가: ____________________
나: 창문을 닫을게요.

❸ 

가: ____________________
나: 그럼 같이 식사하러 갈까요?

❹ 

가: ____________________
나: 제가 가르쳐 드릴게요.

❺ 

가: ____________________
나: 동대문 시장이 싸니까 그곳에서 사세요.

2. 이나

1) **보기** 와 같이 문장을 만드십시오.

보기 과자를 삽시다. / 빵을 삽시다. ➡ 과자나 빵을 삽시다.

❶ 지하철을 타고 가겠습니다. / 택시를 타고 가겠습니다. ➡ ______________________

❷ 3시에 만납시다. / 4시에 만납시다. ➡ ______________________

❸ 전화로 연락합니다. / 이메일로 연락합니다. ➡ ______________________

❹ 수영을 배우고 싶어요. / 태권도를 배우고 싶어요. ➡ ______________________

❺ 소설책을 봅니다. / 잡지를 봅니다. ➡ ______________________

2) **보기** 와 같이 대화를 완성하십시오.

보기 | 기차 | 비행기 | 버스 |

가: 부산에 무엇을 타고 가겠습니까?

나: 기차나 버스를 타고 가겠습니다.

❶ | 태권도 | 수영 | 스키 |

가: 무슨 운동을 배우고 싶어요?

나: ______________________

❷ | 스파게티 | 불고기 | 우동 |

가: 점심에 뭘 먹을까요?

나: ______________________

❸ | 꽃 | 가방 | 책 |

가: 친구 생일입니다. 무슨 선물이 좋을까요?

나: ______________________

❹ | 중국 | 캐나다 | 인도 |

가: 어디에 가고 싶습니까?

나: ______________________

❺ | 오늘 | 내일 | 다음 주 |

가: 언제 만날까요?

나: ______________________

제13과 지금 세일하기 때문에 값이 싸요

1. -을 거예요²

1) 보기 와 같이 문장을 바꾸십시오.

보기 내일 날씨가 좋겠습니다. ➡ 내일 날씨가 좋을 거예요.

❶ 슈테판 씨가 오늘 학교에 오겠습니다. ➡ ______

❷ 주말에는 비가 오지 않겠습니다. ➡ ______

❸ 지금 집에 여동생이 있겠습니다. ➡ ______

❹ 그 영화가 재미있겠습니다. ➡ ______

❺ 4급 문법은 어렵겠습니다. ➡ ______

2) 보기 와 같이 질문에 대답하십시오.

보기
가: 오후에 비가 올까요?
나: 날씨가 흐리니까 비가 올 거예요.

❶ 가: 2시까지 공항에 도착할 수 있을까요?
나: ______

❷ 가: 백화점에 사람들이 많을까요?
나: ______

❸ 가: 지금 가면 늦지 않을까요?
나: ______

❹ 가: 김 선생님이 학교에 계실까요?
나: ______

❺ 가: 이번 시험을 잘 볼 수 있을까요?
나: ______

2. -기 때문에

1) 관계있는 것을 서로 연결하고 보기 와 같이 문장을 만드십시오.

보기 유리 씨는 친절합니다.	늦게 퇴근합니다.
❶ 눈이 나쁩니다.	공항에 갑니다.
❷ 친구가 고향에 돌아갑니다.	방이 깨끗합니다.
❸ 회사 일이 많습니다.	아직 배가 고프지 않습니다.
❹ 1시간 전에 청소를 했습니다.	친구들이 좋아합니다.
❺ 오늘 아침을 먹었습니다.	안경을 씁니다.

보기 유리 씨는 친절하기 때문에 친구들이 좋아합니다.

❶ ____________________

❷ ____________________

❸ ____________________

❹ ____________________

❺ ____________________

2) 그림을 보고 **보기** 와 같이 대화를 완성하십시오.

보기

가: 왜 학교에 학생들이 없어요?

나: 지금은 방학이기 때문에 학교에 학생들이 없습니다.

❶ 

가: 이 식당은 왜 항상 손님들이 많아요?

나: ______________________________

❷ 

가: 백화점에 사람들이 왜 이렇게 많아요?

나: ______________________________

❸ 

가: 왜 산에 안 가세요?

나: ______________________________

❹ 

가: 왜 승기 씨는 머리가 아파요?

나: ______________________________

❺  

가: 왜 이렇게 시끄러워요?

나: ______________________________

제14과 어제 티셔츠를 샀는데 좀 작아요

1. -는데[2]

1) 관계있는 것을 서로 연결하고 보기 와 같이 문장을 만드십시오.

보기 이 분은 제 어머니이십니다. •	• 음식 값도 싸고 아주 맛있습니다.
❶ 고향 친구를 만났습니다. •	• 어렵지만 재미있습니다.
❷ 이 가방은 명동에서 샀습니다. •	• 노래도 잘 하고 춤도 잘 춥니다.
❸ 저는 학생 식당에 자주 갑니다. •	• 요리를 잘 하십니다.
❹ 저는 요즘 한국말을 배웁니다. •	• 아주 반가웠습니다.
❺ 이 사람은 제 남자 친구입니다. •	• 예쁘고 아주 쌉니다.

보기 이 분은 제 어머니이신데 요리를 잘 하십니다.

❶ ____________________.

❷ ____________________.

❸ ____________________.

❹ ____________________.

❺ ____________________.

2) 보기 와 같이 대화를 완성하십시오.

보기
가: 고향이 어디예요?
나: 제 고향은 밴쿠버인데 경치가 아름다운 곳이에요.

❶ 가: 옆에 계신 분은 누구세요?
나: ____________________.

❷ 가: 지금 어디에서 사세요?
나: ____________________.

❸ 가: 이 핸드폰을 어디에서 샀어요?
나: ____________________.

❹ 가: 이 운동화가 얼마예요?
나: ____________________.

❺ 가: 지난주에 어디를 여행했어요?
나: ____________________.

2. -어 보다²

1) 그림을 보고 **보기** 와 같이 문장을 만드십시오.

보기  스키를 타 봤어요.

❶  ______________________________

❷  ______________________________

❸ 
윷놀이
____

❹  ______________________________

❺  ______________________________

2) **보기** 와 같이 대화를 완성하십시오.

보기 가: 김치를 만들어 봤어요? 나: 네, 만들어 봤어요.

❶ 가: 제주도에 가 봤어요? 나: 네, ______________________________

❷ 가: KTX를 타 봤어요? 나: 네, ______________________________

❸ 가: 이 노래를 들어 봤어요? 나: 네, ______________________________

❹ 가: 한국말로 일기를 써 봤어요? 나: 아니요, ______________________________

❺ 가: 남자 친구를 사귀어 봤어요? 나: 아니요, ______________________________

제15과 한국은 눈이 오는데 대만은 눈이 안 와요

1. -는데[3]

1) 보기 와 같이 문장을 만드십시오.

> 보기 저는 고기를 좋아합니다. / 저는 생선을 싫어합니다.
> ➡ 저는 고기는 좋아하는데 생선은 싫어합니다.

❶ 저는 영어는 압니다. / 저는 중국어는 모릅니다.

➡ ______________________________

❷ 우리 집은 가깝습니다. / 리핑 씨 집은 멉니다.

➡ ______________________________

❸ 이 옷은 예쁩니다. / 저 옷은 예쁘지 않습니다.

➡ ______________________________

❹ 슈테판 씨는 기숙사에 삽니다. / 마이클 씨는 하숙집에 삽니다.

➡ ______________________________

❺ 불고기는 맛있습니다. / 김치는 맛이 없습니다.

➡ ______________________________

2) 그림을 보고 **보기** 와 같이 문장을 만드십시오.

보기

서울

호주

서울은 겨울에 눈이 오는데
호주는 겨울에 눈이 안 와요.

❶

리에

민호

____

____

❷

30,000원

150,000원

____

____

❸

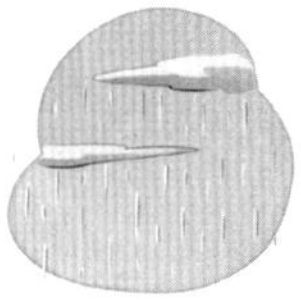
어제

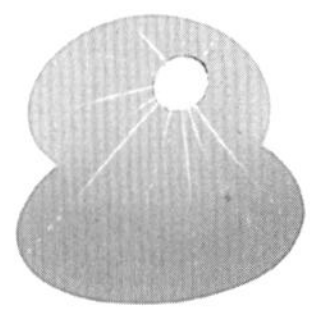
오늘

____

____

❹

리에

민호

____

____

❺

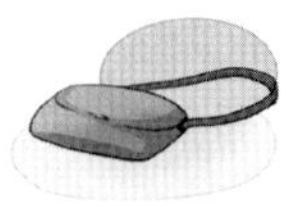

____

____

2. -었으면 좋겠다

1) 그림을 보고 보기 와 같이 문장을 만드십시오.

보기  저는 노래를 잘 불렀으면 좋겠어요.

❶  ____________________

❷  ____________________

❸  ____________________

❹  ____________________

❺ 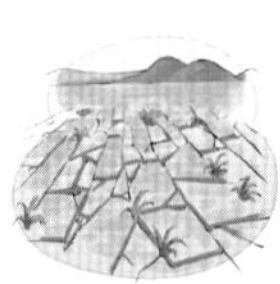 ____________________

2) 보기 와 같이 질문에 대답하십시오.

보기 가: 생일 선물로 뭘 받았으면 좋겠어요? 나: 컴퓨터를 받았으면 좋겠어요.

❶ 가: 뭘 잘 했으면 좋겠어요? 나: ____________________

❷ 가: 지금 무엇을 하고 싶어요? 나: ____________________

❸ 가: 누구를 만나고 싶어요? 나: ____________________

❹ 가: 어떤 사람과 결혼했으면 좋겠어요? 나: ____________________

❺ 가: 어떤 일을 했으면 좋겠어요? 나: ____________________

부록

3. 듣기 지문

제1과 한국에 오기 전에 한국어를 배웠어요?

과제 1

CD 01-3,4

1.

슈테판: 유리 씨, 오늘 수업이 재미있었지요?
유 리: 네, 재미있었어요. 그런데 문법이 조금 어려웠어요. 슈테판 씨는 어땠어요?
슈테판: 저는 단어가 좀 어려웠어요.
유 리: 한국에 오기 전에 한국말을 어떻게 공부했어요?
슈테판: 독일에 있는 한국 친구와 말하기를 많이 했어요. 유리 씨는요?
유 리: 저는 학원에서 듣기 공부를 많이 했어요.

2.

여러분 만나서 반갑습니다. 저는 한국어 선생님 김미선입니다.
수업 시간에 선생님 이야기를 잘 들으십시오.
수업 시간에 휴대전화를 쓰지 마십시오.
그리고 친구들과 이야기하지 마십시오.
수업 시간에 음식을 먹지 마십시오. 음식은 쉬는 시간에 드십시오.
날마다 숙제가 있습니다.
아침에 선생님 책상 위에 숙제 공책을 놓으십시오.

제2과 제가 영주 씨에게 연락할게요

과제 1

CD 02-3,4

1.

유 리: 슈테판 씨는 문자 메시지를 자주 보내요?
슈테판: 네, 친구들과 보통 문자 메시지로 연락해요.
유 리: 한국어로 써서 보내요?
슈테판: 아니요, 영어로 보내요. 유리 씨는요?
유 리: 저는 한국어로 보내요.
슈테판: 어렵지 않아요?
유 리: 처음에는 어려웠지만 지금은 괜찮아요.
슈테판: 저도 한국어로 문자를 보내고 싶은데 가르쳐 주시겠어요?
유 리: 네, 제가 가르쳐 줄게요.

2.

슈테판: 여보세요? 영주 씨, 조금 전에 전화를 걸었는데 왜 안 받았어요?
영 주: 슈테판 씨, 미안해요, 미술관에 있어서 휴대전화를 껐어요.
그런데 무슨 일이에요?
슈테판: 지난주에 같이 간 식당 이름을 알고 싶어서 전화했어요.
제가 음성 메시지를 남겼는데 들었어요?

영 주: 네, 조금 전에 식당 이름과 전화번호를 문자 메시지로 보냈어요.
슈테판: 그래요? 지금 확인할게요. 고마워요.

제3과 한국에서 공연을 본 적이 있어요?

과제 1

CD 03-3,4

1.

마이클: 샤오밍 씨, 한국에서 공연을 본 적이 있어요?
샤오밍: 네, 한 번 본 적이 있어요. 마이클 씨는요?
마이클: 저는 본 적이 없어요. 그런데 무슨 공연을 봤어요?
샤오밍: 지난주 수요일에 난타를 봤어요.
마이클: 공연이 어땠어요?
샤오밍: 아주 재미있었어요.

2.

여 자: 한국에서 인터넷으로 표를 산 적이 있어요?
남 자: 네, 콘서트 표를 산 적이 있어요.
여 자: 저도 인터넷으로 표를 사고 싶은데 표 사기가 어렵지 않아요?
남 자: 저는 한국 친구가 도와 줘서 괜찮았어요.
여 자: 가격은 어때요?
남 자: 외국인 할인을 받아서 비싸지 않았어요.

제4과 내일 야구를 보려고 해요

과제 1

CD 04-3,4

1.

유 리: 여보세요? 샤오밍 씨, 지금 통화 괜찮아요?
샤오밍: 괜찮아요, 유리 씨. 지금 노래를 듣고 있어요.
유 리: 저는 내일 시티투어버스를 타고 서울 시내를 구경하려고 해요. 같이 가시겠어요?
샤오밍: 네 좋아요. 몇 시에 만날까요?
유 리: 광화문 앞에 버스가 30분마다 있어요. 거기에서 10시에 만나요.
샤오밍: 네, 내일 만나요.

2.

영 주: 샤오밍 씨, 어제 약속 장소를 잘 찾았어요?
샤오밍: 아니요, 약속 장소를 찾기가 쉽지 않았어요.
영 주: 그래서 약속 시간을 지키지 못했어요?
샤오밍: 네, 조금 늦었어요.

영　주:　서울 구경은 어땠어요?
샤오밍:　여기저기 다 구경할 수 있어서 재미있었어요.

제5과 퇴근 시간이어서 길이 막힐 것 같아요

과제 1

CD 05-3,4

1.

남　자:　실례합니다, 여기에 고속버스 터미널까지 가는 버스가 있어요?
여　자:　한 번에 가는 버스가 없으니까 지하철을 타세요.
남　자:　근처에 지하철역이 있어요?
여　자:　네, 저기 강남역에서 2호선을 타세요.
그리고 교대역에서 3호선으로 갈아타세요.
남　자:　강남역에서 고속 터미널까지 얼마나 걸려요?
여　자:　20분쯤 걸려요.
남　자:　감사합니다.

2.

직　원:　무엇을 도와드릴까요?
여　자:　여기 인천 공항에서 서울역까지 어떻게 가요?
직　원:　서울역까지 가는 버스도 있고 공항 철도도 있어요.
여　자:　버스로 얼마나 걸려요?
직　원:　보통 1시간쯤 걸리지만 지금은 퇴근 시간이니까 30분쯤 더 걸릴것 같아요.
여　자:　시간이 많이 걸리는군요.
직　원:　그럼, 서울역까지 한 번에 가는 공항 철도를 타세요. 40분쯤 걸려요.
여　자:　네, 그게 좋겠어요. 감사합니다.

제6과 5분밖에 안 걸려요

과제 1

CD 06-3,4

1.

유　리:　실례지만, 야구장까지 어떻게 가요?
아저씨:　지하철 4번 출구로 나가서 똑바로 가면 사거리가 있어요.
그 사거리에서 오른쪽으로 가면 횡단보도가 있어요.
그 횡단보도를 건너서 오른쪽으로 가세요.
50m쯤 똑바로 가면 야구장이 있어요.
유　리:　거기까지 몇 분쯤 걸려요?
아저씨:　15분밖에 안 걸려요

2.

우리 하숙집 근처에 편의점이 있습니다. 그곳에서 자주 우유를 삽니다.
편의점 앞에 세탁소가 있습니다. 세탁비가 비싸서 저는 자주 가지 않습니다.
하숙집 근처에 빵집도 있습니다. 빵집은 아침 7시에 문을 엽니다.
빵집 옆에 꽃가게가 있습니다. 꽃가게 앞에는 서점이 있습니다.
서점 옆에 버스 정류장이 있습니다.
저는 날마다 그 버스정류장에서 버스를 타고 학교에 갑니다.

제7과 오후에 뭘 할 거예요?

과제 1

CD 07-3,4

1.

유 리: 영주 씨, 어제 시험이 끝나고 뭘 했어요?
영 주: 친구들하고 재미있게 놀았어요. 유리 씨는요?
유 리: 저는 피곤해서 일찍 집에 가서 쉬었어요.
영 주: 오늘 오후에는 뭘 할 거예요?
유 리: 공원에서 자전거를 탈 거예요. 영주 씨도 같이 가시겠어요?
영 주: 미안해요. 오늘은 다른 약속이 있어요.
유 리: 그래요? 그럼 다음에 같이 가요.

2.

유 리: 영주 씨, 방학 때 뭘 할 거예요?
영 주: 여행을 갈 거예요. 유리 씨는요?
유 리: 저도 여행을 가려고 해요.
영 주: 그럼 우리 같이 여행을 갈까요?
유 리: 네, 좋아요. 어디로 갈 계획이에요?
영 주: 방학을 하면 부산으로 여행을 가려고 해요.
유 리: 호텔은 예약했어요?
영 주: 네, 하지만 기차표는 예약하지 못했어요.
유 리: 그럼, 제가 기차표를 예약할게요.

제8과 비빔밥을 드셔 보세요

과제 1

CD 08-3,4

1.

여 자: 음식 냄새가 참 좋군요. 우리도 빨리 시켜요.
남 자: 뭘 먹고 싶어요? 메뉴를 보고 골라 보세요.
여 자: 너무 많아서 고르기가 힘들어요.

남 자: 삼겹살이 정말 맛있는데 먹은 적이 있어요?
여 자: 아니요, 먹은 적이 없어요.
남 자: 그럼 삼겹살을 먹읍시다.

2.

남 자: 삼겹살 맛이 어땠어요?
여 자: 아주 맛있었어요.
남 자: 고기를 다 먹었으니까 이제 냉면을 시킵시다.
여 자: 저는 배가 불러서 더 먹지 못할 것 같아요.
남 자: 시원하니까 조금 드셔 보세요.
여 자: 그럼 한 그릇만 시켜서 같이 먹읍시다.

제9과 떡볶이를 먹은 후에 팥빙수를 먹읍시다

과제 1

CD 09-3,4

1.

영 주: 유리 씨, 배가 고픈데 저녁을 먹을까요?
유 리: 좋아요, 점심을 일찍 먹어서 저도 배가 좀 고파요.
영 주: 중국집에서 짜장면을 시켜서 먹읍시다.
유 리: 영주 씨, 미안하지만 제가 점심에 짜장면을 먹었어요.
영 주: 그래요? 그럼, 떡볶이는 어때요? 근처에 맛있는 떡볶이 집이 있어요.
유 리: 좋아요, 빨리 가요.

2.

영 주: 아주머니, 여기 떡볶이 2인분 주세요.
아주머니: 네, 잠시만 기다리세요.
영 주: 튀김은 얼마예요?
아주머니: 한 개에 500원이에요.
영 주: 튀김도 4개 주세요.
유 리: 영주 씨, 김밥도 맛있겠어요. 김밥도 1인분 시킬까요?
영 주: 너무 많을 것 같아요.
유 리: 네, 그럼 먹어 보고 시켜요.

제10과 저는 심심할 때 친구들과 노래방에 자주 와요

과제 1

CD 10-3,4

1.

마이클: 요즘 회사 일이 많아서 너무 피곤해요.

슈테판: 그럼 마이클 씨도 주말에 찜질방에 가 보세요.
마이클: 슈테판 씨는 찜질방에 자주 가요?
슈테판: 네, 저는 피곤할 때 찜질방에 가서 목욕도 하고 잠도 자요.
마이클: 좋은 곳이 있으면 소개해 주세요.
슈테판: 우리 집 근처에 크고 깨끗한 곳이 있어요. 같이 가요.

2.

리 핑: 유리 씨는 시간이 있을 때 무엇을 하세요?
유 리: 저는 미술관에 가요. 아름다운 그림들을 볼 수 있어서 아주 좋아요. 리핑 씨는요?
리 핑: 저는 시간이 있을 때 텔레비전을 봐요.
유 리: 리핑 씨는 무슨 프로그램을 자주 보세요?
리 핑: 저는 한국 드라마를 자주 봐요. 한국 드라마를 보면 한국어 공부도 되어서 아주 좋아요.

제11과 내 취미는 사진 찍기야

과제 1

CD 11-3,4

1.

샤오밍: 어제 농구를 오래 해서 다리가 좀 아파.
영 주: 샤오밍, 너 어제도 농구를 했어?
샤오밍: 응, 보통 한 시간쯤 하는데 어제는 30분 더 했어.
영 주: 너는 정말 운동을 좋아하는 것 같아.
샤오밍: 영주야, 너는 무슨 운동을 좋아해?
영 주: 난 운동을 싫어해서 안 해. 하지만 내일부터 운동을 시작하려고 해.
샤오밍: 그래, 좋은 생각이야. 걷기나 줄넘기를 하면 좋을 것 같아.

2.

슈테판: 리핑아, 너는 취미가 뭐야?
리 핑: 나는 한국 영화를 좋아해서 자주 봐. 슈테판 너는?
슈테판: 내 취미는 여행이야.
리 핑: 한국에서도 여행을 많이 했어?
슈테판: 응, 부산에도 갔고 제주도에도 갔어.
리 핑: 정말 부러워. 나는 서울밖에 구경을 못 했어.
슈테판: 그래? 내가 다음 주 토요일에 수원으로 여행을 가는데 같이 가.
리 핑: 나도 가고 싶은데 토요일 저녁에 약속이 있어.
슈테판: 수원은 가까워서 저녁에 돌아올 수 있어.
리 핑: 그래, 그럼 같이 가.

제12과 한국 차를 사고 싶은데요

과제 1 CD 12-3,4

1.

여 자: 고향 친구에게 선물을 보내고 싶은데 뭐가 좋을까요?
남 자: 김이나 한국 과자를 선물하세요.
여 자: 어디에서 살 수 있어요?
남 자: 백화점에서도 팔고 마트에서도 팔아요.
여 자: 값은 어디가 싸요?
남 자: 마트가 더 싸요. 그리고 종류도 많아요.

2.

남 자: 어제 마트에 갔어요?
여 자: 아니요. 마트에 가지 않고 남대문 시장에서 친구와 쇼핑을 했어요.
남 자: 그래요? 남대문 시장에서 뭘 샀어요?
여 자: 저는 가방을 사고 친구는 아버지께 드리려고 인삼을 샀어요.
남 자: 남대문 시장에 자주 가세요?
여 자: 네, 물건도 많고 값도 싸서 자주 가요.

제13과 지금 세일하기 때문에 값이 싸요

과제 1 CD 13-3,4

1.

남 자: 고향 친구에게 한국 차를 선물하고 싶은데 뭐가 좋을까요?
점 원: 이 유자차는 어때요? 한번 드셔 보세요.
(잠시 후)
남 자: 맛과 향이 좋군요.
점 원: 비타민이 많기 때문에 감기에도 아주 좋아요.
남 자: 얼마예요?
점 원: 작은 병은 오천 원이고 큰 병은 만 원이에요.
남 자: 작은 것 한 병하고 큰 것 한 병 주세요.

2.

리 핑: 슈테판 씨, 가족들에게 줄 선물을 다 샀어요?
슈테판: 네, 화장품하고 인삼을 샀어요.
리 핑: 친구들에게 줄 선물은 골랐어요?
슈테판: 아니요, 아직 못 샀어요. 리핑 씨는 친구들에게 뭘 선물할 거예요?
리 핑: 저는 한국 드라마 DVD를 선물할 거예요.
대만에서 한국 드라마가 인기가 많기 때문에 친구들이 좋아할 것 같아요.
슈테판: 친구들이 정말 좋아하겠어요.

리 핑: 슈테판 씨, 마트에 여러 가지 물건들이 많으니까 가서 구경해 보세요.

제14과 어제 티셔츠를 샀는데 좀 작아요

과제 1

CD 14-3,4

1.

직원(여): 손님, 뭘 도와 드릴까요?
손님(남): 어제 제가 여기에서 이 책을 샀는데요.
직원(여): 무슨 문제가 있으세요?
손님(남): 여기 보세요. 11쪽과 12쪽이 없어요.
직원(여): 손님, 정말 죄송합니다. 새 책으로 바꿔 드리겠습니다. 영수증을 가지고 오셨어요?
손님(남): 네, 영수증은 여기 있어요.
직원(여): 잠시만 기다려 주십시오.

2.

영 주: 유리 씨 지금 어디에 가요?
유 리: 명동에 있는 화장품 가게에 가요.
영 주: 화장품을 사러 가요?
유 리: 아니요, 일주일 전에 산 로션을 환불하러 가요.
영 주: 왜요? 무슨 문제가 있어요?
유 리: 세일을 해서 샀는데 저한테 안 맞는 것 같아요.

제15과 한국은 눈이 오는데 대만은 눈이 안 와요

과제 1

CD 15-3,4

1.

유 리: 에릭 씨 고향인 호주도 지금 한국처럼 추워요?
에 릭: 아니요, 호주는 지금 여름이어서 더워요.
유 리: 아, 남쪽에 있어서 그렇군요.
에 릭: 호주도 크리스마스 때 눈이 왔으면 좋겠어요.
유 리: 호주 사람들은 크리스마스에 뭘 해요?
에 릭: 날씨가 더우니까 보통 바다에 가요.

2.

오늘 날씨입니다. 아침, 저녁에는 선선한데 낮에는 따뜻하겠습니다.
이런 날씨에는 감기에 걸리기 쉽습니다. 밖에 나가실 때는 따뜻한 옷을 준비하십시오.
내일은 흐리고 비가 오겠습니다. 비가 온 후에는 날씨가 조금 춥겠습니다.
날씨였습니다.

부록

4. 모범 답안

〈본문〉

제1과

어휘

1) 늦어서 2) 수업이 끝나
3) 복습하 4) 예습했습니다

문법 1

1) 집에서 나가기 전에 하숙집 아주머니께 인사했습니다.
2) 버스를 타기 전에 교통카드를 준비했습니다.
3) 교실에 들어가기 전에 커피를 샀습니다.
4) 교과서를 읽기 전에 친구들과 이야기했습니다.
5) 수업이 시작되기 전에 화장실에 갔습니다.

문법 2

1) 유리 씨는 남동생한테서 생일 축하 문자메시지를 받았습니다.
2) 유리 씨는 어머니한테서 가방을 받았습니다.
3) 유리 씨는 언니한테서 책을 받았습니다.
4) 유리 씨는 남자친구한테서 꽃다발을 받았습니다.
5) 유리 씨는 친구들한테서 케이크를 받았습니다.

과제 1

1. 1) 단어가 어려웠습니다.
2) ❹
2. 1) ❸
2) ❷ 친구들과 이야기하지 마십시오.
❸ 음식을 먹지 마십시오.
3) ❹

과제 2

1. 1) ❹
2) 어머니가 한국 사람이어서 한국말을 잘 합니다.
3) ❶ O ❷ X ❸ O
2. 생략

과제 3

생략

제2과

어휘

1) 진동으로 바꿨습니다 2) 켰습니다
3) 확인하 4) 삭제했습니다

문법 1

1) 우리 가족은 모두 다섯 명인데 마이클 씨 가족은 몇 명이에요?/우리 가족은 지금 일본에 있는데 마이클 씨 가족은 어디에 있어요?
2) 저는 스무 살인데 슈테판 씨는 몇 살이에요?
3) 제 취미는 음악 듣기인데 슈테판 씨의 취미는 뭐예요?
4) 저는 신촌 근처에 사는데 슈테판 씨는 어디에서 살아요?
5) 저는 말하기가 어려운데 슈테판 씨는 뭐가 어려워요?/저는 말하기가 어려운데 슈테판 씨도 말하기가 어려워요?

문법 2

1) 제가 피자를 준비할게요. (살게요)
2) 제가 음료수를 준비할게요. (살게요)
3) 제가 친구들에게 연락할게요. / 문자를 보낼게요.
4) 제가 사진을 찍을게요. / 제가 카메라를 준비할게요.
5) 제가 꽃다발을 준비할게요. (살게요)

과제 1

1. 1) 영어로 보냅니다.
2) ❶ X ❷ O ❸ X
2. 1) ❷
2) 문자 메시지를 확인하겠습니다.
3) ❶ X ❷ O
3. 생략

과제 2

1. 1) 일이 있어서 갈 수 없습니다.
   2) ❶ O ❷ O
2. 1) 모임 장소에 같이 가고 싶어서
   2) ❷
3. 생략

과제 3

생략

제3과

어휘

1) 연극 2) 영화를
3) 운동경기를 4) 콘서트를

문법 1

1) 저는 인도를 여행한 적이 있어요.
   3년 전에 갔어요. 즐거웠어요.
2) 저는 태권도를 배운 적이 있어요.
   고향에서 배웠어요. 재미있었어요.
3) 저는 중국어를 공부한 적이 있어요.
   중국에서 배웠어요. 조금 어려웠어요.
4) 저는 가수 이효리를 만난 적이 있어요.
   명동에서 만났어요. 아주 예뻤어요.
5) 저는 한국에서 난타를 본 적이 있어요.
   친구하고 같이 봤어요. 정말 좋았어요.

문법 2

1) 저녁에도 사람이 많군요.
2) 여러 가지 가게가 있군요.
3) 나무가 있군요.
4) 큰 빌딩이 많군요.
5) 거리가 넓군요.

과제 1

1. 1) ❸
   2) 아주 재미있었습니다.
   3) ❶ X ❷ O
2. 1) 인터넷으로 샀습니다.
   2) ❶ X ❷ O

과제 2

1. 1) 2012년 서울 콘서트
   2) ❸
   3) ❶ X ❷ O
2. 생략

과제 3

생략

제4과

어휘

1) 약속 장소는 2) 약속 시간은
3) 약속을 지킬 4) 약속을 바꿨습니다

문법 1

1) 이야기하고 있어요. / 커피를 마시고 있어요.
2) 친구를 기다리고 있어요.
3) 문자 메시지를 보내고 있어요.
4) 음악을 듣고 있어요.
5) 컴퓨터를/인터넷을 하고 있어요.

문법 2

1) 자주 운동하려고 합니다.
2) 열심히 공부하려고 합니다.
3) 여자친구를 사귀려고 합니다.
4) 게임을 하지 않으려고 합니다.
   / 텔레비전을 많이 보지 않으려고 합니다.
5) 많이 먹지 않으려고 합니다.
   / 다이어트하려고 합니다.

과제 1

1. 1) ❸ 2) 광화문 앞, 10시
2. 1) ❹
   2) ❶ X ❷ X
3. 생략

과제 2

1. 1) 오늘이 샤오밍 씨 생일이어서
   2) ❷
   3) ❶ ○ ❷ X ❸ X ❹ X

과제 3

생략

제5과

어휘

1) 버스 정류장 2) 갈아탔습니다
3) 도착했습니다 4) 기차역

문법 1

1) 치마로 갈아입었습니다
2) 작은 가방으로 바꿨습니다
3) 구두로 갈아 신었습니다
4) 지하철로 갈아탔습니다
5) 택시로 갈아타

문법 2

1) 마이클 씨는 어제 못 잔 것 같아요.
   / 피곤한 것 같아요.
2) 슈테판 씨는 유리 씨를 좋아하는 것 같아요.
3) 유리 씨는 수업을 듣지 않는 것 같아요.
   / 문자를 보내는 것 같아요.
4) 샤오밍 씨는 아픈 것 같아요.
5) 리핑 씨는 질문이 있는 것 같아요.

과제 1

1. 1) ❹
   2) ❶ X ❷ O ❸ X
2. 1) ❶ 2) 1시간쯤
   3) ❶ X ❷ O
3. 생략

과제 2

1. 1) 707번 2) 604번, 3시 33분
   3) 603번, 3시 34분 4) 5528번
2. 1) 강남역에 간 적이 없어서
   2) ❶ X ❷ X ❸ X ❹ X
3. 생략

과제 3

생략

제6과

어휘

1) 사거리 2) 육교가
3) 오른쪽으로 4) 지하도가

문법 1

1) 모르는 것이 있으면 선생님께 질문해요.
2) 날씨가 더우면 아이스크림을 먹어요.
3) 친구를 만나면 커피숍에서 이야기해요.
4) 돈이 없으면 친구한테서 빌려요.
5) 부모님이 보고 싶으면 전화를 드려요.

문법 2

1) 옷이 한 벌밖에 없었습니다.
2) 냉장고에 우유밖에 없었습니다.
3) 지갑에 돈이 천 원밖에 없었습니다.
4) 버스에 앉을 자리가 하나밖에 없었습니다.
5) 회사에 저밖에 없었습니다.

과제 1

1. 1) ❹ 2) 15분
2. 1) (1) 세탁소 (2) 꽃가게 (3) 서점
   2) ❶ X ❷ O ❸ X
3. 생략

과제 2

1. 1) ❶ 백화점 ❷ 리핑 씨 집
   ❸ 영화관 ❹ 커피숍
   2) ❶ X ❷ X ❸ X
   3) (나)

과제 3

1. 1) 한식집에서 육교 쪽으로 똑바로 가세요. 육교를 건너서 왼쪽으로 조금 가면 극장이 있어요.
   2) 은행 옆에 있는 횡단보도를 건너서 왼쪽으로 가세요. 5분쯤 가면 사거리가 있어요. 그 사거리에서 횡단보도를 건너세요. 앞에 CD 가게가 있어요.
   3) 버스 정류장에서 왼쪽으로 5분쯤 가면 횡단보도가 있어요. 횡단보도를 건너서 오른쪽으로 가면 우체국이 있어요.
   4) 옷 가게 옆에 있는 횡단보도를 건너면 CD가게가 있어요. CD 가게 앞에 있는 횡단보도를 건너서 똑바로 5분쯤 가면 교회가 있어요.
   5) 편의점에서 커피숍 쪽으로 똑바로 가세요. 커피숍 뒤에 육교가 있어요. 그 육교를 건너서 왼쪽으로 조금 가면 교회가 있어요. 교회에서 오른쪽으로 5분쯤 가면 횡단보도가 있어요. 그 횡단보도를 건너서 오른쪽으로 조금 가면 CD 가게 근처에 서점이 있어요.
2. 생략

제7과

어휘

1) 연휴 2) 공휴일
3) 휴가 4) 방학

문법 1

1) 맛있게 케이크를 먹어요.
즐겁게 유리 씨와 이야기해요.
2) 스피커 소리가 커서 크게 말하고 있어요.
3) 신나게 춤을 춰요. 친구들과 즐겁게 놀아요.
4) 재미있게 이야기해요. 즐겁게 요리하고 있어요.
5) 깨끗하게 테이블을 닦고 있어요.
옷을 예쁘게 입었어요.

문법 2

1) 친구하고 점심을 먹을 거예요.
2) 2시쯤 영화관에 가서 영화를 볼 거예요.
3) 친구하고 쇼핑할 거예요.
4) 6시쯤 집에 갈 거예요.
5) 집에서 요리할 거예요. 저녁을 먹을 거예요.

과제 1

1. 1) ❸ 2) ❶
2. 1) ❶ 2) ❹
   3) ❶ × ❷ ○ ❸ ○
3. 생략

과제 2

1. 1) ❷
   2) ❶ 속초 ❷ 설악산
   ❸ 경복궁 ❹ 명동
   3) ❶ × ❷ O
2. 생략

과제 3

생략

제8과

어휘

1) 생선을 2) 해산물과 3) 과일

문법 1

1) (아이가 신은 신발이) 달라요.
2) 아이가 영어를 몰라요.
3) 아이가 색깔을 골라요.
4) 아이가 립스틱을 발랐어요.
5) 아이가 종이를 잘라요.

문법 2

1) 한국 노래를 많이 들어 보세요.
2) 단어를 열심히 외워 보세요.
3) 한국말로 일기를 써 보세요.
4) 한국 책을 읽어 보세요.
5) 한국 여행을 해 보세요.

과제 1

1. 1) ❸ 2) ❷
2. 1) ❶
2) ❶ ○ ❷ × ❸ ×
3. 생략

과제 2

1. 1) ❶
2) ❶ ○ ❷ ×
3) 불고기, 삼겹살, 물냉면
2. 1) ❸
2) 갈비찜, 된장찌개
3) ❸
3. 생략

과제 3

생략

제9과

어휘

1) 김밥 2) 붕어빵 3) 닭꼬치
4) 호떡 5) 튀김

문법 1

1) 공원이 근처에 있어서 공기가 좋겠습니다.
2) 마이클 씨 아버지는 어머니가 요리를 잘 하셔서 행복하시겠습니다.
3) 누나가 항상 노래 연습을 해서 조금 시끄럽겠습니다.
4) 마이클 씨 형은 컴퓨터를 잘 하겠습니다.
5) 마이클 씨는 태권도를 잘 하겠습니다.

문법 2

1) 아침을 먹은 후에 숙제를 했습니다.
2) 숙제를 한 후에 친구를 만나러 커피숍에 갔습니다.
3) 커피숍에서 커피를 마신 후에 친구와 영화를 봤습니다.
4) 친구와 영화를 본 후에 점심을 먹었습니다.
5) 친구와 점심을 먹은 후에 집에 돌아왔습니다.

과제 1

1. 1) ❹ 2) ❷, ❸
2. 1) ❸, ❹
2) ❶ O ❷ O

과제 2

1. 1) 설탕을 많이 넣어서 2) ❹
3) ❶ O ❷ X ❸ O
2. 생략

과제 3

생략

제10과

어휘

1) 산책을 하다 2) 운동을 하다

3) 텔레비전을 보다　　4) 외국어를 배우다
5) 미술관에 가다

문법 1

1) 배가 고플 때 과자를 먹어요.
2) 비가 올 때 우산을 써요.
3) 친구에게 연락할 때 전화로 문자메시지를 보내요.
4) 한가할 때 잡지를 읽어요.
5) 가족이 보고 싶을 때 가족 사진을 봐요.

문법 2

1) 비행기 표를 예약하려고 여행사에 전화를 했어요.
2) 제주도 여행을 가려고 아르바이트를 해요.
3) 부모님 선물을 사려고 백화점에 갔어요.
4) 저녁에 친구들과 먹으려고 피자를 시켰어요.
5) 아침에 운동을 하려고 일찍 일어났어요.

과제 1

1. 1) ❹
2) ❶ O　❷ O　❸ X

2. 1) 유리: 미술관에 갑니다.
리핑: 텔레비전을 봅니다.
2) ❶ O　❷ O

과제 2

1. 1) ❶ 한복을 입을 수 있습니다. - 한옥마을
❷ 주말에 복잡합니다. - 롯데월드
❸ 지하철역에서 멀지 않습니다. - 롯데월드, 덕수궁, 한옥마을
❹ 한국의 문화를 알 수 있습니다. - 한옥마을
❺ 그림을 구경할 수 있습니다. - 덕수궁
2) ❶ 친구
❷ 사랑하는 사람
❸ 부모님

2. 생략

과제 3

생략

제11과

어휘

1) 노래를 부르다　　2) 사진을 찍다
3) 여행을 하다　　4) 영화를 보다
5) 음악을 듣다

문법 1

1) 영수야, 너는 운동을 정말 잘해.
나도 운동을 배우고 싶은데 가르쳐 줘.
그런데 수업 시간에 자지 마.
수업 시간에 수업을 잘 들어.
2) 미선아, 너는 노래를 잘해.
다음에 같이 노래방에 가.
그런데 밥을 너무 많이 먹어.
밥을 너무 많이 먹지 마.
3) 철수야, 너는 그림을 정말 잘 그려.
나도 잘 그리고 싶은데 가르쳐 줘.
그런데 약속 시간에 늦지 마.
4) 영주야, 너는 옷을 정말 예쁘게 입어.
나도 예쁘고 입고 싶은데 가르쳐 줘.
그런데 텔레비전을 너무 많이 봐.
텔레비전을 너무 많이 보지 마.
5) 민수야, 너는 인기가 정말 많아.
친구가 많아서 좋겠어.
그런데 컴퓨터 게임을 너무 많이 해.
게임을 너무 오래 하지 마.

문법 2

1) 가: 좋아하는 색이 뭐야?
나: 내가 제일 좋아하는 색은 빨간색이야. 너는?
가: 내가 좋아하는 색은 노란색이야.
2) 가: 좋아하는 음식이 뭐야?
나: 내가 제일 좋아하는 음식은 삼계탕이야. 너는?
가: 내가 좋아하는 음식은 떡볶이야.
3) 가: 좋아하는 과일이 뭐야?
나: 내가 제일 좋아하는 과일은 딸기야. 너는?

가: 내가 좋아하는 과일은 사과야.

4) 가: 좋아하는 가수가 누구야?
나: 내가 제일 좋아하는 가수는 소녀시대야. 너는?
가: 내가 좋아하는 가수는 빅뱅이야.

5) 가: 좋아하는 운동이 뭐야?
나: 내가 제일 좋아하는 운동은 농구야. 너는?
가: 내가 좋아하는 운동은 축구야.

과제 1

1. 1) 어제 농구를 오래 해서
2) ❶ O ❷ X ❸ X

2. 1) 슈테판 – 여행, 리핑 – 한국 영화 보기
2) ❸

과제 2

1. 1) 좋은 점: 기분이 좋아요. 나쁜 점: 손이 아파요.
2) ❶ O ❷ X ❸ X

2. 생략

과제 3

생략

제12과

어휘

1) 도시에 많이 있습니다.
좋은 물건이 많지만 비쌉니다. – 백화점

2) 물건을 싸게 살 수 있습니다.
채소와 생선도 살 수 있습니다. – 재래시장

3) 24시간 항상 물건을 살 수 있습니다.
김밥과 샌드위치도 살 수 있습니다. – 편의점

4) 외국인들이 많이 갑니다. 보통 공항에 있습니다.
가방, 구두, 화장품, 옷을 살 수 있습니다. – 면세점

문법 1

1) 버스 정류장을 찾는데요.
2) 해운대에 가려고 하는데요.
3) 치마를 사려고 하는데요.
4) 맛있는 음식점을 찾는데요.
5) 예약을 했는데요.

문법 2

1) 슈테판: 언제 여행을 갈까요?
마이클: 이번 주말이나 다음 주말에 갑시다.

2) 슈테판: 무엇을 타고 갈까요?
마이클: 버스나 기차를 탑시다.

3) 슈테판: 어디에서 잘까요?
마이클: 호텔이나 민박에서 잡시다.

4) 슈테판: 무엇을 먹을까요?
마이클: 회나 불고기를 먹읍시다.

5) 슈테판: 반 친구들 선물로 무엇을 살까요?
마이클: 열쇠고리나 과자를 삽시다.

과제 1

1. 1) 김이나 한국 과자
2) ❶ X ❷ X ❸ O

2. 1) ❷ 2) ❸
3) 여자: 가방 여자 친구: 인삼

3. 생략

과제 2

1. 1) 서울에서 쇼핑할 곳
2) ❸
3) ❶ X ❷ X ❸ X

과제 3

생략

제13과

어휘

1) 질이 나쁘다 2) 구경하다
3) 질이 좋다 4) 값을 깎다

문법 1

1) 이 사람은 선생님입니다.
항상 서서 수업을 하니까 다리가 아플 거예요.
2) 이 사람은 택시 기사입니다.
운전을 잘 할 거예요. 길을 잘 알 거예요.
3) 이 사람은 기자입니다. 말을 잘 하고 똑똑할 거예요. 아는 사람이 많을 거예요.
4) 이 사람은 의사 선생님입니다.
아픈 사람들을 만나니까 힘들 거예요.
5) 이 사람은 모델입니다. 밥을 조금만 먹을 거예요. 항상 다이어트를 할 거예요.

문법 2

1) 어머니는 얼굴에 주름이 많기 때문에 어머니께 화장품을 선물할 거예요.
2) 동생이 학생이기 때문에 가방을 선물할 거예요.
3) 여자 친구가 꽃을 좋아하기 때문에 꽃을 선물할 거예요.
4) 형이 음악을 좋아하기 때문에 음악 CD를 선물할 거예요.
5) 친구 집에서 파티가 있기 때문에 친구에게 포도주를 선물할 거예요.

과제 1

1. 1) 유자차 2) ❹
2. 1) ❹
2) ❶ X ❷ O ❸ O
3. 생략

과제 2

1. 1) ❶ 옷을 구경했습니다.
❷ 신발가게
❸ 떡볶이 집, 떡볶이를 먹었습니다.
2) ❷
2. 생략

과제 3

생략

제14과

어휘

1) 파 2) 교환했습니다
3) 환불했습니다 4) 영수증이

문법 1

❶ 이 가수는 제가 제일 좋아하는 가수인데 노래도 잘하고 춤도 잘 춥니다.
❷ 이 가방은 20만 원인데 조금 비싸지만 예쁩니다.
❸ 이 책은 한국어 책인데 조금 어렵지만 재미있습니다.
❹ 이 핸드폰은 친구가 줬는데 아주 편하고 좋습니다.
❺ 이 사람은 제 남자친구인데 공부도 잘 하고 운동도 잘 합니다.

문법 2

❶ 처음 한복을 입어 봤어요. 한복이 아주 예뻤어요.
❷ 처음 김치를 만들어 봤어요.
제가 만든 김치가 맛있었어요.
❸ 처음 한식을(한식 뷔페를) 먹어 봤어요.
정말 맛있었어요.
❹ 처음 한국 게임을(제기차기를) 해 봤어요.
아주 재미있었어요.
❺ 남산에 있는 케이블카를 타 봤어요.
남산타워까지 빨리 갈 수 있어서 좋았어요.

과제 1

1. 1) ❷ 2) ❹
2. 1) ❸
2) 일주일, 세일을, 로션을, 명동(화장품 가게)
3. 생략

과제 2

1. 1) ❷ 2) ❶
3) ❶ ○ ❷ X ❸ X
2. 안녕하세요? 제가 일주일 전에 K마켓에서 전자

사전을 하나 샀어요. 물건을 오늘 받았는데 전자 사전이 조금 깨졌어요. 그래서 교환을 하고 싶은데 어떻게 해요? 좀 도와주세요.

과제 3

생략

제15과

어휘

1) 공원에서 책을 읽습니다. - 가을
2) 눈이 오면 친구들과 눈으로 사람을 만듭니다. - 겨울
3) 바다에 수영을 하러 갑니다. - 여름
4) 아름다운 꽃들을 보러 갑니다. - 봄

문법 1

1) 한국 음식은 매운데 우리나라 음식은 맵지 않아요.
2) 한국 사람들은 등산을 자주 하는데 우리나라 사람들은 낚시를 자주 해요.
3) 한국에서는 의사가 인기가 있는데 우리나라에서는 선생님이 인기가 있어요.
4) 한국 사람들은 동남아시아로 신혼여행을 많이 가는데 우리나라 사람들은 하와이로 많이 가요.
5) 한국은 3월에 학교가 시작되는데 우리나라는 4월에 학교가 시작돼요.

문법 2

1) 여러 나라를 여행했으면 좋겠어요.
2) 좋은 사람과 결혼했으면 좋겠어요.
3) 큰 집을 샀으면 좋겠어요.
4) 아이들이 많았으면 좋겠어요.
5) 100살까지 살았으면 좋겠어요.

과제 1

1. 1) 바다에 가요.
2) ❶ O ❷ X

2. 1) 날씨 / 일기예보
2) ❶ X ❷ O ❸ O

과제 2

1. 1) 겨울
2) ❶ O ❷ O ❸ X

2. 1) ❸ 2) 봄

3. 생략

과제 3

생략

〈문법 활용연습〉

제1과

1. 1) ❶ 학교에 가기 전에 아침을 먹었습니다.
❷ 도서관에 가기 전에 친구들과 점심을 먹었습니다.
❸ 한국 친구를 만나기 전에 도서관에서 숙제했습니다.
❹ 집에 가기 전에 한국 친구를 만났습니다.
❺ 자기 전에 일기를 썼습니다.
2) ❶ 비행기를 타기 전에 쇼핑했습니다.
❷ 쇼핑하기 전에 돈을 찾았습니다.
❸ 영화를 보기 전에 팝콘과 콜라를 삽니다.
❹ 집에 가기 전에 친구를 만나서 커피를 마셨습니다.
❺ 고향에 돌아가기 전에 한국 여행을 하고 싶어요.
2. 1) ❶ 남자친구한테서 목걸이 선물을 받았어요.
❷ 고향 친구한테서 이메일이 왔어요.
❸ 선생님한테서 숙제 공책을 받았어요.
❹ 중국 친구한테서 중국말을 배웠어요.
❺ 집에 책이 많은 친구한테서 책을 빌렸어요.
2) ❶ 친구들한테서 꽃을 받았습니다.
❷ 어머니한테서 피아노를 배웠습니다.
❸ 누나한테서 그 이야기를 들었습니다.
❹ 오빠한테서 이메일이 왔습니다.
❺ 부모님한테서 선물을 받았습니다.

제2과

1. 1) ❶ 저는 매운 음식을 좋아하는데 유리 씨는 무슨 음식을 좋아합니까?
❷ 저는 축구를 잘 하는데 슈테판 씨는 무슨 운동을 좋아합니까?
❸ 오늘 삼계탕을 먹고 싶은데 어느 식당이 맛있어요?
❹ 한국은 제주도가 유명한데 독일은 어디가 유명해요?
❺ 저는 좀 더운데 슈테판 씨도 더워요?
2) ❶ 제 생일은 2월 7일인데 슈테판 씨는 생일이 언제예요?
❷ 저는 지금 신촌에서 살고 있는데 슈테판 씨는 어디에서 살아요?
❸ 제 전화번호는 010-1234-5678인데 슈테판 씨의 전화번호는 몇 번이에요?
❹ 저는 장미꽃을 좋아하는데 슈테판 씨는 무슨 꽃을 좋아해요?
❺ 저는 남자 친구가 없는데 슈테판 씨는 여자 친구가 있어요?
2. 1) ❶ 2시에 문자를 보낼게요.
❷ 내일은 일찍 올게요.
❸ 숙제를 열심히 할게요.
❹ 내일부터 운동을 시작할게요.
❺ 컴퓨터 게임을 많이 하지 않을게요.
2) ❶ 선생님, 내일은 늦지 않을게요.
❷ 이따가 다시 전화할게요.
❸ 다음 시험은 잘 볼게요. / 앞으로 열심히 할게요.
❹ 오늘은 제가 살게요.
❺ 네, 발음 연습을 많이 할게요.

제3과

1. 1) ❶ 뮤지컬을 본 적이 있어요.
❷ 태권도를 배운 적이 있어요.
❸ 한국어를 공부한 적이 있어요.
❹ 노래방에게 노래를 한 적이 있어요.
❺ 동대문 시장에서 옷을 산 적이 있어요.
2) ❶ 네, 한국에서 놀이공원에 간 적이 있어요.
❷ 아니요, 한국 음식을 만든 적이 없어요.
❸ 네, 유명한 사람을 만난 적이 있어요.
❹ 아니요, 혼자 산 적이 없어요.
❺ 네, 외국어를 가르친 적이 있어요.
2. 1) ❶ 싸군요. ❷ 비가 오는군요.
❸ 꽃이 예쁘군요. ❹ 노래를 잘 하는군요.
❺ 음식이 맛있군요.

2) ❶ 책을 많이 읽는군요.
❷ 가방이 비싸군요.
❸ 영화를 자주 보는군요.
❹ 키가 크군요.
❺ CD가 많이 있군요.

제4과

1. 1) ❶ 밥을 먹고 있어요.
❷ 친구를 기다리고 있어요.
❸ 축구를 하고 있어요.
❹ 전화를 하고 있어요.
❺ 노래를 부르고 있어요.
2) ❶ 오전 10시 30분에 운동을 하고 있었어요.
❷ 오후 1시에 점심을 먹고 있었어요.
❸ 오후 4시 30분에 친구를 만나고 있었어요.
❹ 저녁 8시에 한국말을 공부하고 있었어요.
❺ 밤 10시에 책을 읽고 있었어요.

2. 1) ❶ 쉬려고 합니다.
❷ 공부를 하려고 합니다.
❸ 공항에 가려고 합니다.
❹ 오늘 선물을 사려고 합니다.
❺ 여행을 가려고 합니다.
2) ❶ 등산을 하려고 합니다.
❷ 파티를 하려고 합니다.
❸ 여행을 가려고 합니다.
❹ 맥주를 마시려고 합니다.
❺ 친구와 영화를 보려고 합니다.

제5과

1. 1) ❶ 비행기 - 기차 - 갈아타다
비행기에서 기차로 갈아탑니다.
❷ 121번 버스 - 90번 버스 - 갈아타다
121번 버스에서 90번 버스로 갈아탑니다.
❸ 지하철 4호선 - 7호선 - 갈아타다
지하철 4호선에서 7호선으로 갈아탑니다.
❹ 더러운 운동화 - 깨끗한 운동화 - 갈아신다
더러운 운동화를 깨끗한 운동화로 갈아 신습니다.
❺ 만원 - 천원 - 바꾸다
만 원을 천 원으로 바꿉니다.
2) ❶ 서울역에서 4호선으로 갈아타세요.
❷ 빨간색 바지로 바꿔 주세요.
❸ 한국 돈으로 바꿔 주세요.
❹ 반팔 옷으로 갈아입으세요.
❺ 분홍색 구두로 갈아 신을 거예요.

2. 1) ❶ 신발을 살 것 같아요.
❷ 맛있을 것 같아요.
❸ 아니요, 열심히 공부하지 않은 것 같아요.
❹ 토끼인 것 같아요.
❺ 화가 난 것 같아요. / 기분이 나쁜 것 같아요.
2) ❶ 맛있을 것 같아요.
❷ 가방이 무거울 것 같아요.
❸ 어렵지 않을 것 같아요. / 쉬울 것 같아요.
❹ 어려울 것 같아요. / 쉽지 않을 것 같아요.
❺ 길이 많이 막힐 것 같아요.

제6과

1. 1) ❶ 날씨가 더우면 수영장에 가세요.
❷ 값이 비싸지 않으면 핸드폰을 사고 싶어요.
❸ 음식이 짜면 드시지 마세요.
❹ 전화번호를 알면 가르쳐 주세요.
❺ 돈이 있으면 빌려 주세요.
2) ❶ 약속 시간에 늦으면 전화를 해요.
❷ 주말에 날씨가 좋으면 자전거를 탑시다.
❸ 돈이 많으면 차를 사고 싶어요.
❹ 결혼을 하면 프랑스로 신혼여행을 가고 싶어요.
❺ 한국어를 잘 하면 한국에서 일할 거예요.

2. 1) ❶ 교실에서는 한국말밖에 안 써요.
❷ 제 동생은 까만색 옷밖에 안 입어요.
❸ 리핑 씨는 돼지고기밖에 안 먹어요.
❹ 샤오밍 씨는 그 노래밖에 안 불러요.
❺ 그 사람의 이름밖에 몰라요.

2) ❶ 한 켤레밖에 없어요.
❷ 10만 원밖에 안 받아요.
❸ 공책밖에 없어요.
❹ 한 사람밖에 없어요.
❺ 5분밖에 안 걸려요.

제7과

1. 1) ❶ 깨끗하게 청소했어요.
❷ 머리를 짧게 잘랐어요.
❸ 신나게 춤을 춰요.
❹ 즐겁게 이야기해요.
❺ 물건을 싸게 팔아요.
2) ❶ 늦게 왔어요.
❷ 정말 재미있게 봤어요.
❸ 바쁘게 지내요.
❹ 비싸게 샀어요.
❺ 짜게 먹어요.
2. 1) ❶ 책을 읽을 거예요.
❷ 택시를 탈 거예요.
❸ 백화점에서 쇼핑을 할 거예요.
❹ 사진을 찍을 거예요.
❺ 선생님께 선물할 거예요.
2) ❶ 수영을 배울 거예요.
❷ 제주도로 여행을 갈 거예요.
❸ 수업이 끝난 후에 만날 거예요.
❹ 제가 예약할 거예요.
❺ 제(우리) 집에서 생일 파티를 할 거예요.

제8과

1. 1) ❶ 불러 ❷ 잘랐어요 ❸ 달라요
❹ 골랐어요 ❺ 몰라서
2) ❶ 달라서 ❷ 부릅니다 ❸ 몰라서
❹ 자르려고 ❺ 발라
2. 1) ❶ 입어 보세요. ❷ 써 보세요.
❸ 읽어 보세요. ❹ 드셔 보세요.
❺ 앉아 보세요.
2) ❶ 도서관에 가 보세요.
❷ 사전을 찾아 보세요.
❸ 따뜻한 우유를 마셔 보세요.
❹ 이 노래(CD)를 들어 보세요.
❺ 긴 치마를 입어 보세요.

제9과

1. 1) ❶ 기분이 좋겠습니다.
❷ 피곤하겠습니다.
❸ 일본어를 잘하겠습니다.
❹ 맛있겠습니다.
❺ 시간이 많겠습니다.
2) ❶ 기분이 좋겠어요. / 기쁘겠어요.
❷ 기분이 좋겠어요. / 재미있겠어요.
❸ 배가 많이 고프겠어요.
❹ 행복하겠어요. / 기분이 좋겠어요.
❺ 피곤하겠어요. / 힘들겠어요.
2. 1) ❶ 운동을 한 후에 샤워를 했어요.
❷ 숙제를 한 후에 텔레비전을 봤어요.
❸ 시험을 본 후에 같이 영화를 봅시다.
❹ 어학당을 졸업한 후에 한국 회사에서 일하고 싶어요.
❺ 일이 끝난 후에 같이 식사할까요?
2) ❶ 한국말을 다 배운 후에 한국 대학교에 입학하고 싶어요.
❷ 보통 점심을 먹은 후에 숙제를 합니다.
❸ 어제 저녁을 먹은 후에 책을 읽었어요.
❹ 3급을 공부한 후에 고향에 돌아갈 거예요.
❺ 숙제를 다 한 후에 저녁을 먹을 거예요.

제10과

1. 1) ❶ 배가 아플 때 이 약을 드세요.
❷ 밥을 먹을 때 전화가 왔어요.
❸ 날씨가 너무 추울 때 학교에 가고 싶지 않아요.
❹ 좋아하는 음악을 들을 때 아주 행복해요.
❺ 심심할 때 영화를 봐요.

2) ❶ 기분이 나쁠 때 술을 마시고 싶어요.
❷ 예쁜 아기를 볼 때 결혼하고 싶어요.
❸ 친구하고 놀 때 행복해요.
❹ 고향 음식을 먹을 때 가족이 보고 싶어요.
❺ 부모님이 보고 싶을 때 전화를 해요.

2. 1) ❶ 여행을 가려고 큰 여행 가방을 샀어요.
❷ 자전거를 사려고 아르바이트를 합니다.
❸ 시험을 잘 보려고 열심히 공부합니다.
❹ 수영장에 가려고 수영복을 샀어요.
❺ 가족에게 보여 주려고 사진을 많이 찍었어요.

2) ❶ 한국어를 배우려고 한국에 왔어요.
❷ 늦게까지 공부하려고 커피를 많이 마셔요.
❸ 샌드위치를 만들려고 빵을 샀어요.
❹ 운동을 하려고 일찍 일어나요.
❺ 책을 읽으려고 도서관에 갔어요.

제11과

1. 1) ❶ 날마다 운동하기가 너무 힘들어.
❷ 영주야, 내일은 일찍 와.
❸ 미선아, 우리 같이 도서관에 가.
❹ 유진아, 잘 있어.
❺ 수업 시간에 이야기하지 마.

2) ❶ 아니, 집에서 학교까지 멀어.
❷ 나는 운동을 좋아하지 않아. / 나는 축구를 좋아해.
❸ 시간이 있을 때 텔레비전을 봐.
❹ 친구하고 밥을 먹었어.
❺ 그래, 좋아. / 그래, 같이 영화를 봐.

2. 1) ❶ 내 이름은 히로미야.
❷ 내가 만든 빵이 아니야.
❸ 이번 주말부터 방학이야.
❹ 오늘이 몇 월 며칠이야?
❺ 나는 주말에 영화를 볼 거야.

2) ❶ 내 이름은 이시카와 유리야.
❷ 고향은 일본, 오사카야.
❸ 오늘은 월요일이 아니야. / 오늘은 화요일이야.
❹ 좋아하는 한국 음식은 소갈비야.
❺ 이번 주말에 청소를 할 거야.

제12과

1. 1) ❶ 양복을 입은 사람이 슈테판인데요.
❷ 내일은 바쁜데요.
❸ 주말에 약속이 있는데요.
❹ 명동에서 샀는데요.
❺ 보통 아침을 안 먹는데요.

2) ❶ 지갑이 없는데요.
❷ 조금 추운데요.
❸ 배가 고픈데요.
❹ 잘 모르겠는데요.
❺ 옷이 한 벌밖에 없는데요.

2. 1) ❶ 지하철이나 택시를 타고 가겠습니다.
❷ 3시나 4시에 만납시다.
❸ 전화나 이메일로 연락합니다.
❹ 수영이나 태권도를 배우고 싶어요.
❺ 소설책이나 잡지를 봅니다.

2) ❶ 수영이나 스키를 배우고 싶어요.
❷ 스파게티나 우동을 먹읍시다.
❸ 꽃이나 책을 선물하세요.
❹ 캐나다나 인도에 가고 싶어요.
❺ 내일이나 다음 주에 만납시다.

제13과

1. 1) ❶ 슈테판 씨가 오늘 학교에 올 거예요.
❷ 주말에는 비가 오지 않을 거예요.
❸ 지금 집에 여동생이 있을 거예요.
❹ 그 영화가 재미있을 거예요.
❺ 4급 문법은 어려울 거예요.

2) ❶ 아직 시간이 있으니까 도착할 수 있을 거예요.
❷ 세일 기간이니까 백화점에 사람들이 많을 거예요.
❸ 택시를 타면 늦지 않을 거예요.
❹ 지금 방학이니까 학교에 안 계실 거예요.

❺ 열심히 공부했으니까 잘 볼 수 있을 거예요

2. 1) ❶ 눈이 나쁩니다. - 안경을 씁니다.
눈이 나쁘기 때문에 안경을 씁니다.
❷ 친구가 고향에 돌아갑니다. - 공항에 갑니다.
친구가 고향에 돌아가기 때문에 공항에 갑니다.
❸ 회사 일이 많습니다. - 늦게 퇴근합니다.
회사 일이 많기 때문에 늦게 퇴근합니다.
❹ 1시간 전에 청소를 했습니다. 방이 깨끗합니다.
1시간 전에 청소를 했기 때문에 방이 깨끗합니다.
❺ 오늘 아침을 먹었습니다. - 아직 배가 고프지 않습니다.
오늘 아침을 먹었기 때문에 아직 배가 고프지 않습니다.

2) ❶ 이 식당은 음식 맛이 좋고 친절하기 때문에 손님들이 많아요.
❷ 백화점 세일을 하기 때문에 사람들이 많아요.
❸ 비가 오기 때문에 못 가요.
❹ 술을 많이 마셨기 때문에 머리가 아파요.
❺ 파티를 하기 때문에 시끄러워요.

제14과

1. 1) ❶ 고향 친구를 만났는데 아주 반가웠습니다.
❷ 이 가방은 명동에서 샀는데 예쁘고 아주 쌉니다.
❸ 저는 학생 식당에 자주 가는데 음식 값도 싸고 아주 맛있습니다.
❹ 저는 요즘 한국말을 배우는데 어렵지만 재미있습니다.
❺ 이 사람은 제 남자 친구인데 노래도 잘 하고 춤도 잘 춥니다.

2) ❶ 이 사람은 제 한국 친구인데 한국말을 아주 잘 가르쳐 줘요.
❷ 저는 지금 신촌에 사는데 학교가 가까워서 아주 편해요.
❸ 이 핸드폰은 용산에서 샀는데 싸고 좋아요.
❹ 이 운동화는 10만 원인데 가볍고 편해요.
❺ 부산을 여행했는데 바다가 참 아름다웠어요.

2. 1) ❶ 남자한테서 꽃다발을 받아 봤어요.
❷ 피아노를 배워(쳐) 봤어요.
❸ 윷놀이를 해 봤어요.
❹ 비빔밥을 먹어 봤어요.
❺ 100점을 받아 봤어요.

2) ❶ 가 봤어요.
❷ 타 봤어요.
❸ 들어 봤어요.
❹ 써 보지 않았어요/못했어요.
❺ 사귀어 보지 못했어요/않았어요.

제15과

1. 1) ❶ 저는 영어는 아는데 중국어는 모릅니다.
❷ 우리 집은 가까운데 리핑 씨 집은 멉니다.
❸ 이 옷은 예쁜데 저 옷은 예쁘지 않습니다.
❹ 슈테판 씨는 기숙사에 사는데 마이클 씨는 하숙집에 삽니다.
❺ 불고기는 맛있는데 김치는 맛이 없습니다.

2) ❶ 리에 씨는 한가한데 민호 씨는 바쁩니다. / 리에 씨는 편한데 민호 씨는 힘듭니다.
❷ 하얀 색 구두는 싼데 까만색 구두는 비쌉니다.
❸ 어제는 비가 왔는데 오늘은 맑습니다.
❹ 리에 씨는 주스를 마시는데 민호 씨는 커피를 마셔요.
❺ 이 가방은 큰데 저 가방은 작아요.

2. 1) ❶ 저는 친구가 많았으면 좋겠어요.
❷ 저는 돈이 많았으면 좋겠어요.
❸ 저는 운동을 잘 했으면 좋겠어요.
❹ 저는 한국어를 잘 했으면 좋겠어요.
❺ 비가 왔으면 좋겠어요.

2) ❶ 요리를 잘 했으면 좋겠어요.
❷ 쉬었으면 좋겠어요.
❸ 좋아하는 가수를 만났으면 좋겠어요.
❹ 재미있는 사람과 결혼했으면 좋겠어요.
❺ 즐겁게 할 수 있는 일을 했으면 좋겠어요.

부록

5. 색인

〈어휘 색인〉

ㄷ

ㄹ

ㅁ

ㅂ

ㅅ		
사거리	6과	주제어휘
사귀다	1과	과제어휘
사이트	14과	과제어휘
삭제하다	2과	주제어휘
새	14과	과제어휘
샌드위치	6과	과제어휘
생각	9과	새어휘
생기다	9과	새어휘
서류	13과	과제어휘
설악산	7과	과제어휘
설탕	9과	과제어휘
섬	7과	과제어휘
세일하다	13과	새어휘
세탁비	6과	과제어휘
세탁소	6과	과제어휘
소개	7과	과제어휘
소고기	8과	과제어휘
소풍	15과	주제어휘
속초	7과	과제어휘
손	11과	과제어휘
수원	11과	과제어휘
순대	9과	주제어휘
스키	15과	주제어휘
스키장	15과	과제어휘
슬리퍼	13과	과제어휘
습하다	15과	새어휘
시원하다	8과	과제어휘
시작되다	1과	주제어휘
시작하다	4과	새어휘
시키다	8과	과제어휘
시티투어버스	4과	과제어휘
신나다	7과	새어휘
심심하다	10과	새어휘
쌈지길	10과	과제어휘
쓰다(用)	1과	과제어휘

ㅇ		
아저씨	13과	과제어휘
악기	11과	과제어휘
안경	12과	과제어휘
야구장	6과	과제어휘
야영	15과	주제어휘
약도	4과	새어휘
약속	2과	새어휘
어른	13과	새어휘
어머님	13과	새어휘
어묵	9과	과제어휘
어울리다	13과	과제어휘
얼굴	14과	과제어휘
여러	1과	과제어휘
여러분	1과	과제어휘
역사	3과	과제어휘
연극	3과	주제어휘
연습하다	10과	새어휘
연휴	7과	주제어휘
영수증	14과	새어휘
예습하다	1과	주제어휘
예약하다	7과	과제어휘
옛날	12과	과제어휘
오래	11과	과제어휘
오른쪽	6과	주제어휘
오피스텔	6과	과제어휘
외국	3과	과제어휘
외국어	10과	주제어휘
왼쪽	6과	새어휘
운동화	13과	과제어휘
웃다	8과	과제어휘
원피스	13과	과제어휘
육교	6과	주제어휘
음성	2과	과제어휘
음악회	3과	주제어휘
응	11과	새어휘

〈문법 색인〉

ㄱ

ㄴ

ㄹ

ㅂ

ㅇ

ㅎ